L'au-delà

Représentations d'une vie après la mort

L'AU-DELÀ

REPRÉSENTATIONS D'UNE VIE APRÈS LA MORT

FRANJO TERHART

Bath New York Singapore Hong Kong Cologne Delhi Melbourne

Copyright © Parragon Books Ltd

Parragon Books Ltd
Queen Street House
4 Queen Street
Bath BA1 1 HE, Royaume-Uni

Conception : ditter.projektagentur GmbH
Suivi éditorial : Irina Ditter-Hilkens
Conseiller : Ulrike Kraus
Graphisme : Claudio Martinez, Malzkorn
Kommunikation & Gestaltung, Gerd Turke
Iconographie : Klaussner Medien Service GmbH

Copyright © Parragon Books Ltd 2007
pour l'édition française
Réalisation : InTexte, Toulouse
Traduction : Marion Mauguière

ISBN 978-1-4054-9747-3

Imprimé en Malaysia
Printed in Malaysia

Sommaire

Représentations
d'une vie après la mort 6

Représentations
de l'au-delà
dans l'Antiquité 10

Égyptiens 12
Grecs et Romains 18
Peuples anciens 24
Celtes 26
Germaniques 30

Représentation de l'au-delà selon les grandes religions 34

Judaïsme
et christianisme 36
Islam 45
Hindouisme
et bouddhisme 48

Représentation médiumnique de l'au-delà 54

Emanuel Swedenborg 56
Friederike Hauffe 58
Eugenie von der Leyen 61
Jane Roberts 64
James van Praagh 67

Représentation de l'au-delà à l'époque moderne 70

Théosophie 72
Expériences
de mort imminente 76
Spiritisme
et parapsychologie 88

Conclusion 92
Notes 94
Crédits photographiques 94
Index 96

REPRÉSENTATIONS D'UNE VIE
APRÈS LA MORT

La vie comme faisant partie d'un tout

Très tôt, nos ancêtres ont cru que la vie sur terre ne représentait qu'une partie d'un tout plus important. L'au-delà était pour ainsi dire perçu par les hommes comme une tache blanche sur la carte de la vie, mais sa représentation variait en fonction de la culture et de la religion de chacun. Dans l'imaginaire de la plupart des peuples, la vie continue après le dernier souffle et se poursuit dans un autre monde, qui n'est souvent pas très différent de celui que l'on connaît ici-bas.

La croyance en l'au-delà
est née à l'âge de pierre

La croyance en un autre monde remonte probablement à l'âge de pierre. À cette époque, les hommes ne possédaient pas encore l'écriture. Ils décoraient les murs de leurs cavernes de symboles mystérieux comme des spirales, des cercles ou des points. D'après les spécialistes, ils voulaient ainsi manifester que la vie ne se résumait pas à la chasse et au combat quotidien pour la survie. Il semble que les hommes aient pressenti dès le commencement que la mort ne représentait pas la fin

de tout, mais qu'elle marquait seulement une frontière. Les chamans sibériens de même que les Aztèques, les Incas d'Amérique centrale et du Sud, les Celtes et les peuples germaniques d'Europe du Nord-Ouest, ainsi que les diverses ethnies africaines, pensaient qu'il pouvait exister autre chose après la vie sur terre et développèrent tous des représentations, en partie identiques, d'un au-delà.

Mobiliers funéraires pour une autre vie

Les mobiliers funéraires illustrent la croyance en une vie posthume et en un voyage vers un autre monde. Les hommes de Neandertal enterraient déjà leurs morts avec des fleurs.

Avec le temps, les représentations de la vie après la mort se sont différenciées. Il est surprenant de noter que de nombreux peuples pensaient que le corps possédait une âme immortelle, à l'apparence presque identique à celle du corps physique. Le mort se retrouvait avec son corps subtil dans un au-delà reflétant sa culture et ses croyances. Ainsi, les Indiens découvraient dans le royaume des morts une merveilleuse prairie et les Égyptiens profitaient de leur vie sociale. Selon toutes ces conceptions, l'au-delà offre nourriture et paix pour l'éternité. Le fait que, dans l'au-delà, tout soit mieux qu'ici-bas fait partie de l'image traditionnelle de cet autre monde.

Exploration des différentes
représentations de l'au-delà

Les chapitres suivants ont été conçus comme un voyage d'exploration, un voyage particulier dans l'au-delà tel que le conçoivent les différentes cultures et religions. Il serait faux de prétendre que les hommes ont imaginé la vie dans l'au-delà sans être influencés par leur environnement. La croyance en un monde après la vie terrestre est née de la religion et de la culture et elle reflète les attentes et les espoirs des hommes.

Les mobiliers funéraires illustrent la croyance en une vie après la mort et en un voyage vers un autre monde. Plus la position sociale du défunt était haute, plus les mobiliers funéraires étaient somptueux.

De tout temps, la question relative à l'existence d'une vie après la mort s'est posée à l'humanité. Les cimetières sont des lieux de deuil et de souvenir mais représentent également des intersections entre l'ici-bas et l'au-delà.

Le poète et mathématicien iranien Omar Khayyam (vers 1048-1122) le formule parfaitement lorsqu'il écrit : « J'ai envoyé mon âme, à travers l'invisible, déchiffrer quelque élément de cet au-delà et mon âme a fini par me revenir et a rapporté que je suis moi-même le ciel et l'enfer. » Pour exprimer les choses clairement, cela signifie que nous rencontrons dans l'au-delà précisément ce en quoi nous croyons et espérons ici-bas.

De nos jours, des personnes rapportent des expériences qu'elles ont vécues dans une situation que l'on qualifie de « mort imminente », après avoir été ramenées à la vie grâce à des soins médicaux. Elles ne relatent pas quelque chose de fondamentalement différent des expériences vécues par les initiés aux cultes à mystères grecs, d'après lesquels la mort constitue une initiation à une nouvelle vie. Ce que les gens qui se sont retrouvés à la frontière entre la vie et la mort décrivent correspond largement à ce qu'ils attendent de la vie dans l'au-delà.

De même, des visionnaires comme Emanuel Swedenborg ou la princesse Eugenie von der Leyen, qui entraient en communication avec les morts, donnaient une description de l'au-delà reflétant les notions chrétiennes du purgatoire et du châtiment.

Topographie historique et universelle de l'au-delà

De tout temps et dans toutes les cultures – Égyptiens, Grecs, peuples « primitifs », grandes religions, occultistes, spiritistes ou ésotéristes – les hommes ont toujours ressenti le besoin de se référer à une image le plus précise possible de l'au-delà.

Le phénomène est universel et il convient de nouveau de souligner à quel point la religion et la sphère culturelle jouent un rôle prépondérant dans la détermination des différentes physionomies de l'au-delà. Bien que les motivations soient souvent similaires, des conceptions très différentes de l'au-delà ont tout de même fait leur apparition.

Dans cet ouvrage, nous analyserons les différentes représentations de l'au-delà élaborées par les peuples, les religions et les médiums de toutes les époques et cultures. L'ensemble de ces représentations permet de dessiner une topographie passionnante – telle une cartographie exceptionnelle – de ce que l'on appelle l'au-delà.

Les médiums prétendent qu'ils peuvent voir l'aura d'une main,
par exemple. Ils évoquent à ce sujet différentes couleurs vives, qui sont
le signe de pathologies mais expriment également les états d'âme.

Les différentes dimensions du corps humain

Selon les croyances de nombreux peuples antiques
ainsi que d'anciennes religions, trois corps subtils –
le corps éthérique, le corps astral et le corps mental –
jouent, avec le corps physique, un rôle prépondérant
dans la vie et la mort. Ces quatre corps confèrent
à l'homme son intégrité et le positionnent dans l'espace
ici-bas comme dans l'au-delà.

Cette conception de l'homme, qui serait composé
à la fois d'un corps extérieur mortel et d'un corps
subtil immortel, apparaît sous diverses formes dans
les différentes représentations que l'humanité s'est
forgées pour tenter de résoudre l'énigme que pose
la mort. C'est en considérant ces conceptions qu'il
est possible de déduire les notions générales présentées
ci-après.

L'aura

Ainsi, l'homme possède une aura qui peut être vue
par les médiums. Elle entoure le corps sous la forme
d'une énergie vitale. Au Moyen Âge, Théophraste
Paracelse (1494-1541), mais également le médecin
autrichien Franz Anton Mesmer (1774-1815), qui
a introduit le concept de « magnétisme animal », ou
encore le docteur Walter Kilner (1847-1920), médecin
londonien qui voulait rendre visible l'aura grâce
à un écran et des moyens techniques, ont écrit et réfléchi
sur le sujet. L'Ukrainien Semyon Davidowitsch Kirlian
a présenté le dernier système en date sur le sujet en
1939. Il a découvert une technique photographique,
aujourd'hui connue sous le nom de photographie Kirlian.
Ce procédé permet d'étudier l'aura des êtres vivants,
qui apparaît clairement comme une sorte de « halo
lumineux » (effet Kirlian) sur le matériau exposé.

Les trois corps subtils

Les courants ésotériques ainsi que divers médiums évoquent toujours deux ou trois corps subtils venant s'ajouter au corps physique. Cette conception se rapproche de celle de certains peuples de l'Antiquité, dont les Égyptiens, et de différents mouvements religieux, l'hindouisme, par exemple. Pour que vous puissiez imaginer à quoi ressemblent ces autres « corps » qui ne peuvent normalement pas être vus à l'œil nu, nous vous les présentons ci-après :

1. Le corps éthérique. Il est responsable de la propagation des phénomènes physiques. Il fonctionne comme une sorte de baromètre du bien-être personnel. Certains guérisseurs parviennent à diagnostiquer des maladies simplement en observant le corps éthérique. Le corps éthérique meurt au moment du décès de la personne.

2. Le corps astral. C'est le siège des émotions. Il est constitué de tous les souhaits, toutes les émotions et toutes les pensées contenus dans l'esprit humain. Ce corps subtil est le véhicule utilisé lors des voyages astraux. Au moment de la mort, il quitte le corps et entre dans le monde astral. Il se libère spontanément lors d'un accident, sous l'influence de drogues ou dans les cas de coma. Le corps astral est la partie de l'être humain qui se déplace au cours d'une expérience de mort imminente et vit des événements dans le monde astral.

3. Le corps mental. Il comprend toutes les pensées, dont les perceptions intuitives et suprasensibles. C'est grâce au corps mental que les hommes peuvent accéder à leur esprit supérieur (Soi supérieur) et à la spiritualité.

En revanche, il est totalement attaché aux domaines terrestre et matériel – ce qui n'est pas perçu de façon négative. Dans le bouddhisme tibétain, l'homme peut, à travers son corps mental, percer à jour l'illusion du monde, qui pour les bouddhistes n'est pas réel, et atteindre la vraie connaissance.

Le corps subtil est le véhicule utilisé lors des voyages astraux. Au moment du décès, il se détache du corps et pénètre dans le monde astral. Lors des expériences de mort imminente, le corps astral peut traverser les murs.

Représentation de l'au-delà
dans l'Antiquité

ÉGYPTIENS

Une coutume étrange

L'écrivain grec Hérodote (vers 484-425 av. J.-C.) rapporta une coutume égyptienne insolite qu'il avait pu observer lors de son séjour au pays des pharaons en 460 av. J.-C. Hérodote écrit que les Égyptiens, lors de chaque banquet, faisaient circuler un mort dans un récipient parmi les convives – il s'agissait en réalité d'une figurine représentant une momie – pour ne pas oublier la mort.

La justification de cette pratique, qui semble aujourd'hui des plus étranges, nous est également transmise par Hérodote. Les Égyptiens lui avaient expliqué cette coutume de la manière suivante : « Jetez les yeux sur cet homme, vous lui ressemblerez après votre mort ; buvez donc maintenant, et vous divertissez[1] (*voir* p. 94). » Ce comportement n'était donc pas motivé par la tristesse ressentie face à la mort. Au contraire, selon les croyances des Égyptiens, la petite momie devait les inciter à profiter de la vie.

Dans toute l'Égypte, des « pyramides pour l'éternité » furent érigées, car le peuple du Nil essayait d'arrêter le temps par ses actes et ses croyances. Les tableaux égyptiens font la plupart du temps référence à l'éternité.

Le souci de l'éternité

Les Égyptiens possédaient apparemment une conscience exacerbée de la limite temporelle de la vie sur terre. L'omniprésence de la mort poussait les hommes, dans leurs actes et leurs croyances, à tenter d'arrêter le temps. L'art égyptien, les momies et les pyramides expriment ce besoin pressant d'immortalisation. Les Égyptiens voulaient laisser derrière eux quelque chose de concret pour l'éternité. L'art graphique égyptien représente souvent l'éternité, symbolisée également par le rituel de la momification. L'ancienne Égypte est toujours associée à ses innombrables momies. Mais pourquoi les morts étaient-ils enveloppés de bandelettes et conservés de la sorte ?

Signification de la momification

Avant de momifier les cadavres, on prélevait les organes internes et le cerveau pour les mettre dans le caveau avec le mort dans des urnes spécialement conçues à cet effet.

Les deux parties de l'âme – le Ba et le Ka

Ba signifie « stimulation » ou « âme », tandis que le *Ka* est la partie de l'âme qui transmet l'énergie vitale. Grâce à la momification, le *Ka* pouvait continuer à vivre plus longtemps.

Le *Ka* est impersonnel tandis que le *Ba* représente l'individu, sa personnalité ou son âme. Au moment de la mort, le *Ba* se sépare du corps et s'évanouit complètement dans le royaume des morts, si son « moi » ne s'est pas affirmé et affermi dans la vie ici-bas, mais le *Ba* des disciples des écoles de mystères continue de vivre réellement en tant que tel pour l'éternité car il a pris conscience du monde spirituel avant la mort physique.

Des momies comme celle-ci sont autant de témoignages de la volonté des anciens Égyptiens de devenir éternels. Sous sa forme momifiée, le défunt conservait son apparence humaine. Les offrandes funéraires avaient pour but de le nourrir, l'habiller et le parer.

Le corps était ensuite momifié afin de se conserver. Le mort gardait ainsi son intégrité physique. Même si les chairs pourrissaient, le défunt conservait sa forme humaine. La chambre funéraire, dans laquelle des offrandes avaient été déposées pour nourrir, habiller et parer le mort, devenait la « maison » de celui-ci. Les Égyptiens créaient ainsi une sorte de cadavre « vivant » dont il convenait de s'occuper. Les Égyptiens pensaient que, outre les tombeaux, le royaume des morts étaient le lieu de séjour des défunts. Si la vie après la mort était au départ l'apanage du roi défunt, elle fut également par la suite revendiquée par ses sujets. Plusieurs textes funéraires font état de l'existence céleste des morts. Les Égyptiens jouissaient du royaume des morts dans

lequel le *Ba*, l'âme à corps d'oiseau et tête humaine s'unit au ciel. La conservation du corps sous forme momifiée était absolument nécessaire pour ce voyage dans le royaume des morts, car le *Ba* devait retourner dans son corps chaque nuit.

Osiris – souverain du royaume des morts

D'après la mythologie égyptienne, Osiris, frère et époux d'Isis, fut assassiné et découpé en morceaux par son frère Seth, qui voulait régner seul sur les hommes. Cependant, Isis parvint à reconstituer le corps de son amant et à le

Le dieu Osiris (à gauche entre les deux femmes) est le juge suprême du tribunal des morts.

ramener à la vie. Avec Isis, Osiris engendra Horus, dieu du ciel, pour qu'il devienne son héritier et qu'il le venge. Un tribunal divin décida qu'Osiris devait devenir le souverain de l'enfer et de ses innombrables défunts. Osiris fut dès lors le juge suprême du tribunal des morts. Chaque défunt pouvait connaître cette résurrection si, au cours de sa vie, il avait été initié aux mystères de son dieu. Il revivait ainsi symboliquement la mort d'Osiris. Ce n'est que parce qu'il avait vécu cette initiation qu'il pouvait survivre dans l'au-delà.

Le ciel égyptien est féminin

Dans la croyance des anciens Égyptiens, le ciel est une femme. La déesse du ciel s'appelle Nout, elle est la mère d'Osiris. Elle dit : « Je te donnerai à nouveau la vie, dans la régénérescence[2] (*voir* p. 94). » Tous ceux qui ne font pas l'expérience de cette régénérescence disparaissent dans le royaume des morts : ils sont voués

à littéralement « se putréfier dans le royaume des morts ». Cependant, le disciple des mystères doit tout d'abord parcourir dans l'au-delà un chemin comportant maintes portes et salles. Des êtres démoniaques peuplent chaque pièce et représentent un danger pour l'âme. Au cours de son « voyage dans la nuit », le défunt se déplace par la parole : il appelle, il prête serment, il intimide, il supplie, il répond ou il menace. Sa « connaissance » des noms importants, des dieux et des rituels du culte le protège des démons et l'aide à rejoindre Osiris.

Le livre de l'Amdouat

Le voyage à travers le royaume des morts est dangereux. Le défunt est sans cesse menacé par des démons gardant les portes qui veulent l'emprisonner dans leurs filets. Il doit tout d'abord prouver qu'il est digne de continuer à vivre dans l'au-delà comme les dieux. Le chemin de l'âme qui veut atteindre Osiris pour finir par devenir comme « le plus grand des dieux lui-même » est décrit dans le *Livre de l'Amdouat*, *Amdouat* signifiant « ce qui est dans l'au-delà ».

L'une des régions du royaume des morts d'Osiris peut être qualifiée de « paradisiaque » mais il existe également une autre moitié, épouvantable et terrifiante. On y manque de tout, d'eau, de pain, de lumière. Des êtres maléfiques et démoniaques découpent les corps, séparent les têtes des troncs, arrachent les cœurs des poitrines, préparent des bains de sang. Un terrible effroi pousse les défunts à continuer leur route pour sortir de ce territoire où « les étoiles tombent sur votre visage et ne savent pas comment elles peuvent se relever[2] ». L'homme lui-même doit en venir à manger ses propres excréments, tout est inversé.

Celui qui ne sait pas ce que l'on attend de lui devient l'esclave de ce lieu maudit et y reste pour l'éternité. En revanche, celui qui a acquis les connaissances nécessaires, par l'initiation, saura poursuivre son chemin et traverser les vingt et une portes, les sept chambres et les quinze salles de l'autre monde. Ce n'est qu'alors qu'il pourra s'asseoir en égal à la table des autres dieux dans le royaume d'Osiris. Il fait ainsi le « voyage du soleil à travers la nuit », un grand voyage vers l'au-delà, et doit surmonter de nombreuses épreuves sur son chemin.

Osiris est le souverain de l'autre monde et des morts. Il a lui-même été assassiné puis a ressuscité des morts. Tous ceux qui croient en lui doivent connaître la même résurrection.

Cent quatre-vingt-dix formules pour accompagner les défunts dans l'au-delà

Le célèbre *Livre de l'Amdouat* montre que les Égyptiens utilisaient la voie des mystères pour vaincre la mort. Les initiés aux mystères apprenaient l'essentiel de ce qu'ils devaient savoir dans cent quatre-vingt dix formules. Puis ils s'entraînaient de leur vivant, dans l'espoir que ce qui avait été pratiqué et réalisé avec succès pourrait fonctionner dans la situation réelle de la mort.

L'objectif de ce livre, qui décrit un chemin à travers l'au-delà, est que l'homme s'unisse avec le « royaume de la durée éternelle ». Le mort doit dire : « Je suis le *Ba* (l'âme) d'Osiris et je viens en lui[2]. » L'initié aux mystères évince les ténèbres de l'autre monde, il est « rétabli, régénéré, rajeuni ». Il est devenu à jamais un « Osiris, maître de l'éternité ». Cette expérience se fait par l'initiation de sorte que l'homme puisse marcher à travers la vie et la mort en tant qu'« éveillé ». Il est rajeuni car, selon ce culte à mystères, l'éveillé rentre avec le corps d'un vieillard dans la queue d'un serpent et en ressort par sa bouche sous les traits d'un jeune homme. Cependant, avant l'ultime pas dans l'au-delà, le tribunal funéraire constitue l'une des dernières épreuves à laquelle chaque défunt doit se soumettre.

Nout est la déesse céleste des anciens Égyptiens et la mère d'Osiris. Elle dit : « Je te donnerai à nouveau la vie, dans la régénérescence. » Cependant, seuls les initiés aux mystères connaissent cette renaissance – tous les autres sont condamnés à la décomposition.

Un jugement des morts
devant quarante-deux juges

Le tribunal des morts se tient dans la « chambre des deux vérités ». Osiris préside à ce tribunal. Une vie vertueuse est la garantie de la survie dans l'au-delà. Le défunt doit impérativement connaître le nom d'Osiris s'il veut pouvoir avancer davantage.

On lui demande de donner le nom du maître des lieux : « Qui est-ce ? » Le défunt doit alors annoncer : « C'est Osiris. » Il lui est ainsi répondu : « Va ! Tu es annoncé. »

Une fois cette étape franchie, le défunt comparaît devant le tribunal où, dans un premier temps, quatre questions lui sont posées :

« Pourquoi es-tu venu ?

– Je suis venu ici pour être annoncé.

– Quelle est ta condition ?

– Je suis pur de mauvaises actions.

– À qui donc t'annoncerai-je ?

– Annonce-moi à Celui dont la demeure a un plafond de feu, des murs d'uréus [serpents à tête de faucon] vivantes, et un sol d'eau[2] (*voir* p. 94). »

Cette demeure si particulière représente le royaume d'Osiris.

La « confession négative »

Le défunt doit alors, dans un second temps, énumérer quarante-deux péchés devant les quarante-deux juges, en affirmant n'en avoir commis aucun. Il se soumet ainsi à la forme rituelle de ce que l'on appelle la « confession négative ».

En utilisant la formule : « Tu ne dois pas… », on le questionne sur des actes comme la trahison, la vantardise, la tromperie, le détournement, le pillage et le vol. À ces questions, le mort répond avec la formule : « Je n'ai pas… », tandis que chacun des quarante-deux juges vérifie ses dires.

Le royaume des morts d'Osiris comprenait quarante-deux juges. Il fallait leur réciter tous les péchés en affirmant n'en avoir commis aucun.

Le senet

Les Égyptiens jouaient à un jeu de table appelé le « senet », ce qui signifie peu ou prou « le passage ». On y jouait à deux avec un plateau comportant trois fois dix cases. Certaines cases contenaient des chiffres, d'autres des symboles représentant le ciel ou l'enfer, d'autres enfin des personnages et des dieux. Le jeu consistait à passer par toutes les cases à la signification tantôt positive tantôt négative, en suivant un chemin sinueux, et à faire sortir en premier tous les pions de son adversaire. L'existence de ce jeu est attestée par des peintures murales ainsi que par des objets retrouvés à l'intérieur de tombeaux. On y jouait fréquemment pour le plaisir. Cependant, ce jeu avait également une signification religieuse et servait de simulation pour le passage de l'âme dans la vie éternelle de l'autre monde. Dans la tombe du prêtre Sennedjem, le jeu représente symboliquement l'accès à la nourriture éternelle et sa disponibilité.

Pesé et jugé trop lourd ?

Tandis que le défunt affirme ne pas avoir péché, son cœur est pesé, par le dieu chacal Anubis, sur une balance dont le contrepoids est la plume de Maât, déesse de la justice. Le résultat est transcrit par écrit par Thot, dieu des scribes.

Si le cœur est plus léger ou d'un poids égal à celui de la plume, le défunt est autorisé à rejoindre l'au-delà. Si son cœur est plus lourd, l'âme est accablée de culpabilité et ne peut plus être sauvée. Le cœur est alors avalé par Ammout, la « dévoreuse », et le défunt meurt une seconde fois.

La communauté céleste

Si le mort est jugé pur de toutes fautes, il pourra continuer à vivre dans l'au-delà en tant que personne. Il recevra à boire et à manger, ainsi qu'un toit. En Égypte, la vie après la mort et la communauté des bienheureux étaient calquées sur le modèle terrestre. Ainsi, les justes lavés de leurs fautes recevaient la nourriture des dieux et vivaient pour l'éternité dans l'au-delà. Les Égyptiens ne pouvaient espérer mieux en récompense d'une vie vertueuse.

Chez les Égyptiens, le dieu Thot était le maître de la magie. Il est écrit sur un papyrus du musée du Caire que celui qui peut déchiffrer la première formule magique de Thot comprend le langage des animaux.

Le Jugement dernier, une fresque de Michel-Ange, montre les morts transportés dans l'Hadès dans le bac de Charon. Les enfers grecs étaient le lieu de résidence des ombres où régnait la terreur, sans espoir de retour.

GRECS ET ROMAINS

L'initiation aux mystères, une arme contre les ténèbres des enfers

« J'ai approché des limites de la mort ; j'ai foulé le seuil de Proserpine [déesse de la mort], et j'en suis revenu porté à travers tous les éléments[3] (*voir* p. 94). »

Ce texte vieux de plus de deux mille ans a été écrit par un anonyme qui avait été initié aux anciens cultes à mystères. Le mot « mystère », d'après sa traduction, indique que cette notion est exclusivement destinée à des initiés, les *mystatai*, un cercle restreint de personnes.

Les hommes de l'Antiquité classique croyaient que l'initiation aux mystères leur permettait de prendre part au pouvoir divin et conditionnait la vie après la mort.

Tous ceux qui n'étaient pas initiés aux mystères étaient condamnés à l'Hadès, aux enfers.

L'initiation consistait en une expérience de mort rituelle ou symbolique impliquant l'obscurité, l'enfermement et l'isolement, tandis qu'un prêtre mettait habilement en scène l'« expérience » proprement dite. Les fidèles ne considéraient cependant pas cela comme une simple pièce de théâtre, mais bien comme l'assurance de leur salut au jour de leur véritable mort. Leur « moi » pourrait alors continuer à vivre dans l'au-delà et ne deviendrait pas une ombre.

Différents cultes à mystères

Pendant l'Antiquité, différentes religions à mystères se développèrent. Il y eut ainsi, par exemple, les mystères d'Eleusis en Grèce ou les mystères de Mithra à la fin de l'Empire romain. L'initiation, qu'il fallait bien entendu garder secrète, avait pour objectif de donner accès à un savoir occulte. Ce savoir permettait aux participants de comprendre plus intensément le divin et l'humain, le terrestre et le céleste, mais également de se libérer définitivement de la peur engendrée par la mort et de l'effroi inspiré par l'Hadès. L'initié devait avoir devant lui un avenir meilleur que le commun des mortels.

Les dieux s'humanisent

L'initiation consistait essentiellement à créer un lien entre la vie de l'initié et celle des dieux. Le fait que Déméter, par exemple, pleure l'enlèvement de sa fille Perséphone par Hadès, dieu des morts, montre que les divinités éprouvent des sentiments semblables à ceux des mortels. Ces similitudes tissaient un lien fort entre les peuples de l'Antiquité et leurs dieux, par-delà la mort.

Le dieu dont il était question lors de l'initiation était mis sur un pied d'égalité avec les humains. L'initié se sentait associé à son dieu dans la tristesse, la douleur et la peur. Ce qui peut sembler curieux aujourd'hui représentait une véritable révolution religieuse dans l'Antiquité. Les dieux étaient considérés sur terre comme des créatures supérieures. On pouvait les prier

Les ruines d'un temple de Mithra à Rome montrent le dieu avec son animal fétiche, le taureau. Mithra était vénéré comme dieu du soleil et luttait contre les pouvoirs obscurs. Des taureaux sauvages lui étaient sacrifiés.

ou leur demander assistance, mais le fait qu'ils puissent ressentir de la tristesse comme les humains, voire qu'ils souffrent, était une notion totalement nouvelle à cette époque. Cela les rendait humains. Toutefois, seuls les initiés des cultes à mystères connaissaient cette facette des dieux.

L'épouvantable royaume des ombres

Un sort bien différent était réservé à ceux qui n'avaient pas été initiés : un au-delà froid, mort, terrifiant et dangereux. C'est là, dans les enfers, que régnaient le dieu Hadès et son épouse Perséphone (assimilés par la suite à Pluton et Proserpine dans la mythologie romaine). Après leur mort, les hommes se retrouvaient précipités à tout jamais dans leur royaume glacial et obscur, appelé à juste titre le « royaume des ombres ». Une ombre ne vit pas, elle végète. Une ombre n'a pas de force. Une ombre ne possède pas d'individualité. Être mort signifiait, pour les anciens Grecs et Romains, vivre pour toute éternité cette existence d'ombre. En conséquence, les peuples de l'Antiquité essayaient de profiter de la vie de la façon la plus agréable possible.

Perséphone, fille de Déméter, fut enlevée par Hadès. Après son enlèvement, la tristesse de sa mère fut pour les hommes un signe de consolation signifiant que les dieux éprouvaient des sentiments similaires aux leurs.

L'alternative proposée par les mystères et l'initiation

Arrivés en Europe par l'Asie Mineure et l'Égypte, les cultes à mystères avaient fait leur apparition progressivement. Ces mystères se démarquaient des célébrations religieuses traditionnelles par leur ardente dévotion, par l'exubérance et l'exotisme de leurs rituels et par la fascination du secret qu'ils représentaient. Ils donnaient de plus une toute nouvelle identité à l'initié. « L'initiation, promettaient-ils, te permettra de continuer à vivre en tant que personne après ta propre mort. Tous les autres, en revanche, tous ceux qui n'ont pas été initiés devront rester pour l'éternité dans la fange et porter de l'eau dans une passoire. » D'autres encore prétendaient : « Les non-initiés seront exclus. Puis, finalement anéantis par les démons gardant les portes[3] (*voir* p. 94). »

L'expérience divine par l'extase

Le peu que l'on sait à propos du déroulement précis des cultes fut divulgué par des initiés ayant brisé le vœu

Déméter, déesse de la fertilité et de l'agriculture, était célébrée comme la Terre Mère. Par le biais de sa fille Perséphone, elle est également associée aux enfers ainsi qu'au froid et sombre royaume des morts.

L'entrée des enfers était également marquée par le fleuve Styx aux eaux sombres. Le nocher Charon emmenait les âmes des morts dans l'au-delà en leur faisant traverser le Styx.

de silence. L'initiation dans le cadre des religions à mystères se devait d'être une expérience particulière et impressionnante pour chaque participant. Il est probable que certaines techniques d'extase étaient utilisées pour mettre les initiés dans des états psychiques encore jamais atteints. L'extase leur permettait une prise de conscience surnaturelle. Cet état, dans lequel ils avaient des visions, leur permettait entre autres de rencontrer leurs déesses, dont Déméter, la Terre Mère, ou Cybèle, la mère des dieux, les deux déesses de la fertilité. Cette expérience était perçue par les initiés comme très réelle.

On se liait à Déméter, la déesse de la Terre, d'une manière particulière. Le futur initié disait complètement bouleversé : « Je suis la cendre, la cendre est la Terre, la Terre est une déesse, alors je ne suis pas mort[3]. » La proximité avec la déesse était ressentie comme un moment de grande félicité. Et l'initié balbutiait : « Je suis entré dans le giron de la déesse souterraine[3]. » Il comprenait alors que ce giron engendrerait une nouvelle vie, car la vie et la mort se contenaient mutuellement. Sans l'une, l'autre n'existerait pas. Chaque initié, qui avait vécu cela au moins une fois, était libéré de toutes ses peurs face à la mort.

La castration lors de l'initiation au culte de Cybèle

Dans les mystères de Cybèle, de nombreux hommes se castraient au cours d'une transe bruyante et offraient leurs testicules à la Grande Mère. Lors des fêtes orgiaques, rythmées par le son strident des flûtes, des tambourins et des castagnettes qui provoquait des danses extatiques, chaque initié avait ainsi le sentiment d'être unique. La foi et le sentiment d'appartenance à une communauté donnaient aux initiés force et certitude d'avoir échappé pour toujours à la mort.

L'Achéron, le Styx et le nocher Charon

Sans initiation aux mystères, tous les rois, aussi puissants fussent-ils, tous les valeureux héros, tous les grands chefs étaient condamnés à végéter dans le royaume des morts.

Selon les croyances religieuses grecques, on entrait dans les enfers en traversant les fleuves Achéron, dans lequel se jetait un courant de feu et un fleuve des lamentations, et Styx, aux eaux sombres. Le nocher Charon organisait la traversée de ces fleuves et emmenait les morts dans l'au-delà sur sa barque. C'est ce que le poète Homère décrit dans son célèbre récit, *L'Odyssée*.

Sur les rives du royaume des morts, Cerbère, le chien à cinq têtes, montait la garde devant une porte que les morts devaient définitivement franchir pour ne plus jamais revenir. Ceux qui ne payaient pas leur traversée à Charon en lui donnant une pièce de monnaie étaient jetés par-dessus bord dans les eaux sombres.

Personne ne pouvait s'échapper de l'état d'ombre. L'Hadès n'offrait pas de possibilité de rachat. Personne ne faisait la différence entre les pécheurs et les justes. Ils passaient tous leur existence intemporelle dans un endroit sombre, dépourvu de joie, putride et impitoyable.

Sisyphe avait été puni par les dieux qui l'avaient jugé trop orgueilleux. Son châtiment consistait à faire rouler une pierre jusqu'au sommet d'une montagne. Une fois en haut, la pierre retombait et il devait recommencer.

Le baptême par le sang et la renaissance

Les adorateurs de Cybèle devaient, entre autres rites, être baptisés par le sang. Au cours de ce rituel d'initiation, les *mystes* (ceux qui allaient être initiés) se couchaient dans une fosse creusée dans le sol et recouverte d'une planche épaisse, sur laquelle un taureau était sacrifié. Ils se baignaient ensuite dans le sang chaud de l'animal qu'ils devaient également boire. Les *mystes* devaient ainsi faire l'expérience de la mort et de la renaissance.

Le christianisme parvint sur ce point à évincer les cultes à mystères quelques siècles plus tard. Le dieu de cette religion avait lui aussi souffert. Il avait même donné sa vie pour les hommes et était ressuscité des morts. De cette façon, le défunt pouvait conserver son intégrité, ce qui était totalement novateur par rapport aux cultes à mystères pratiqués jusqu'alors.

Les Champs Élysées

Les lugubres enfers et les mystères avaient toutefois leur pendant. Dans le quatrième livre de *L'Odyssée* d'Homère, les dieux accompagnent le roi Ménélas agonisant au bord du monde, où l'attend une vie agréable.

Le poète parle alors des célèbres Champs Élysées : « Là, il est très facile aux hommes de vivre. Ni neige, ni longs hivers, ni pluie[4] (*voir* p. 94)… » Cet endroit pourrait être appelé paradis, un pays fertile sous des cieux éternellement cléments, semblable à celui des dieux. On ne peut pas y mourir. La mort n'existe pas. L'âme n'y est d'ailleurs pas séparée du corps. Ce n'est qu'à cette condition que le roi Ménélas, comme nous l'apprend Homère, peut continuer à éprouver des sentiments et à se réjouir de ce qui l'entoure.

Tandis que le royaume des ombres détruit toute énergie vitale, il existe au bord du monde un pays où l'on peut vivre en tant que mortel pour l'éternité.

L'ambroisie et le nectar, nourritures des immortels

Ces champs idylliques constituaient un lieu de résidence et de félicité qui ne ressemblait à aucun autre, où chacun était assuré de ne jamais mourir.

C'était en effet un endroit béni car les habitants des Élysées pouvaient s'y nourrir comme les dieux. L'ambroisie et le nectar étaient respectivement l'aliment et la boisson qui, selon les croyances des Grecs, assuraient l'immortalité aux dieux. L'Élysée, les Champs Élysées, l'île des Bienheureux sont autant d'expressions qui désignent ce lieu d'existence par-delà la mort. Il convient de ne pas le confondre avec l'au-delà. Seuls les dieux décidaient de ceux qui pouvaient y séjourner. Sans leur volonté, aucun mortel ne pouvait s'y rendre.

Le Tartare, un obscur souterrain

Il existait un « enfer » dans lequel même ceux qui semblaient immortels pouvaient être jetés sans espoir de retour. Zeus, souverain des dieux chez les Grecs, avaient créé un lieu de châtiment dans les profondeurs obscures

Zeus était le plus puissant des dieux grecs. Il trônait sur l'Olympe et s'immisçait volontiers dans la vie des mortels. Il séduisait en particulier les jeunes filles en prenant les apparences les plus diverses.

de la Terre dont « la distance jusqu'à la terre était égale à celle qui sépare les cieux de la terre [3] (*voir* p. 94) ».

Ce lieu était appelé *Tartaros* ou *Tartarus*, le Tartare. Le Tartare était également la partie la plus profonde de l'Hadès. Il était entouré d'un impétueux fleuve de feu et de remparts d'airain d'une hauteur interminable. Il était impossible d'en sortir. Aucun mortel n'aurait pu souhaiter aller dans ce lieu. Lorsque les Romains furent menacés par les Huns au IVe siècle apr. J.-C., ils les appelèrent les Tartares, car ils croyaient qu'ils sortaient tout droit des enfers. Le Tartare était de loin le lieu le plus effrayant que l'on pouvait s'imaginer. Zeus y avait banni les Titans mais également Tantale et Sisyphe – tous ceux qu'il considérait être des blasphémateurs et des malfaiteurs. Celui qui y passait l'éternité ne pouvait pas tomber plus bas car il avait été annihilé. En comparaison, les ombres de l'Hadès vivaient dans un endroit paisible.

Homère est l'auteur de *L'Iliade* et de *L'Odyssée*. Le premier livre décrit la guerre de Troie et le second, le retour du héros Ulysse chez lui, sur l'île d'Ithaque, après la victoire.

La topographie du Machu Picchu, ancienne cité inca du Pérou, est impressionnante. Les rues et les maisons indiquent que le niveau de vie devait y être très élevé. Les Incas croyaient eux aussi à l'immortalité de l'âme.

PEUPLES ANCIENS

La croyance en l'existence de l'âme

Pratiquement tous les peuples indiens et primitifs croyaient en la survie de l'âme après la mort physique. Les Mayas pensaient que leurs morts devaient franchir un certain nombre d'obstacles lors de leur passage dans le royaume des morts : de périlleux rapides et des canyons profonds. Les Incas développèrent des conceptions similaires, telle la traversée de fleuves. En revanche, la question du lieu de séjour de l'âme n'était pas appréhendée de la même manière selon les peuples.

Trois royaumes des morts chez les Aztèques

Les Aztèques, qui occupèrent le Mexique jusqu'à l'invasion espagnole, croyaient qu'il existait trois royaumes des morts : les malades allaient, quel que soit leur statut social, dans une région appelée Mictlan, où ils terminaient leurs jours. C'est-à-dire qu'ils mouraient une seconde fois dans l'au-delà et étaient pour toujours annihilés. Les victimes de catastrophes naturelles pouvaient quant à elles se réjouir à la perspective d'une vie paradisiaque dans le Tlalocan.

Le troisième groupe, composé des victimes de guerre et des femmes mortes en couches, était le seul à pouvoir aller dans ce que les Aztèques appelaient la « maison du soleil ». Les morts pouvaient prendre une apparence humaine, mais également apparaître aux hommes sous la forme d'oiseaux, de nuages ou de vents.

Des terrains de chasse idylliques

Les Indiens delaware des États-Unis croyaient que tous ceux qui avaient mené une existence vertueuse pouvaient après la mort continuer à vivre pour l'éternité dans un environnement paradisiaque. Ils évoquaient ce lieu de vie comme étant une île d'une stupéfiante beauté et d'une grande étendue.

« Une haute montagne s'élève majestueusement au centre de l'île, à son sommet se trouve le domicile du Grand Esprit Bienveillant. Les animaux les plus nobles paissent tranquillement et en troupeaux innombrables dans ce beau et paisible pays.

Les âmes y vivent indéfiniment sur un terrain de chasse extrêmement productif. Les enfants y rencontrent de nouveau leurs parents et les parents, leurs enfants. Il n'y a pas de soleil mais une lumière douce que le Créateur fait briller. Les hommes se ressemblent tous et les aveugles et les handicapés recouvrent la santé [5] (*voir* p. 94). »

Culte des ancêtres en Afrique

En Afrique, le culte des ancêtres revêt une importance capitale. Selon les croyances populaires, il existe en effet un lien indéfectible entre les vivants et les morts. La survie et l'agrandissement de la famille dépendent du bon vouloir des ancêtres. En conséquence, les membres les plus âgés d'une famille sont vénérés d'une façon particulière car ils sont les plus proches des ancêtres qui vivent dans l'au-delà.

Les rituels tissent un lien entre l'ici-bas et l'au-delà. La communauté créée avec les ancêtres est, pour les Africains, plus importante que la proximité avec Dieu. Pour les Africains, il n'existe pas de frontière entre notre monde et l'au-delà. Les morts sont souvent considérés, par les Zoulous notamment, comme supérieurs aux vivants.

Les chamans, un état de conscience particulier

L'état de conscience altérée des chamans, prêtres sorciers, est qualifié de transe ou d'extase. Les chamans commencent par jouer des percussions, danser, chanter, sauter, appeler les esprits, souvent pendant des heures, puis partent pour un voyage spirituel au point culminant et extatique de leur transe lorsqu'ils reposent au sol, inertes, le corps rigide. À cet instant, l'âme, que l'on considère indépendante du corps, part dans l'autre monde tandis que le corps sans âme peut devenir le lieu d'expression de l'esprit protecteur.

De cette façon, le chaman, dès qu'il revient de l'autre monde, peut guérir des maladies et transmettre des messages venant de l'au-delà. En raison de la longue histoire des migrations celtes à partir de l'Asie centrale, il existe un lien culturel et historique entre l'autre monde des chamans et celui des Celtes.

Les deux moitiés de l'âme selon les Éwés

Le peuple éwé, composé de diverses tribus, vit dans la forêt tropicale d'Afrique occidentale. Ils croient en la préexistence de l'âme, c'est-à-dire que celle-ci existe avant la naissance et réside dans une patrie des âmes identique au monde terrestre. D'autre part, à la naissance d'un enfant se produit simultanément l'incarnation d'un défunt. L'âme ainsi créée est divisée en deux : la partie la plus grande, appelée âme de vie, provient de la patrie des âmes, c'est-à-dire du monde des dieux ; l'autre partie, plus petite, l'âme du mort, appartient quant à elle à l'autre monde.

L'âme de vie retourne toujours dans sa patrie divine tandis que l'âme du mort entame un voyage vers l'autre monde. Elle y rencontre ses ancêtres. Ce lieu est entre autres appelé « maison derrière le fleuve ». Étant donné que le chemin qui y mène est difficile et éreintant, il faut s'y préparer, notamment par l'abondance de mobilier funéraire.

Contrairement aux mythes et aux croyances de nombreux autres peuples et religions, les Éwés peuvent manquer de nourriture dans l'au-delà. Si tel est le cas, ils peuvent en réclamer aux vivants qui placent alors des aliments en offrandes sur le sol.

Le paradis semble parfois à notre portée. Il existe des sites dans le monde où la beauté de la nature dépasse les hommes et procure un sentiment de bonheur et de paix éternels.

CELTES

Les croyances celtes opposées à la vision romaine du monde

Il est aujourd'hui difficile de comprendre les Celtes. Leur perception du monde était diamétralement opposée à la façon dont nous percevons les choses aujourd'hui. Les Celtes semblent avoir été originaires des régions situées autour de la mer Caspienne (sud de la Russie) avant qu'ils ne se propagent jusqu'à l'extrémité de l'Europe de l'Ouest au VIᵉ siècle av. J.-C. La langue et la culture celtes ont réussi à perdurer jusqu'à nos jours, surtout en Bretagne, en Irlande et au Pays de Galles. Les Romains ont essayé d'anéantir les Celtes car leur façon de penser leur était étrangère. Les croyances celtiques ne pouvaient pas s'intégrer dans la vision du monde des Romains car, pour les Celtes, la mort ne représentait pas la fin de la vie. Des écrivains romains rapportèrent ainsi avec grand effroi qu'ils avaient vu des Celtes se jeter de leur plein gré sur le bûcher de l'un de leurs parents pour partager avec lui la vie dans l'au-delà. Pour un Romain, un tel comportement était incompréhensible.

En Irlande, les missionnaires chrétiens rencontrèrent des Celtes qui les accueillirent à bras ouverts. Aucun chrétien n'eut à payer de sa vie. Les Celtes adaptèrent en effet habilement leur religion au christianisme.

L'ici-bas et l'au-delà sont comme les deux faces d'une pièce de monnaie

Pour les Celtes, la vie et la mort n'étaient pas les seules choses à être liées comme les deux faces d'une pièce de monnaie. En effet, il en allait de même pour tous les opposés : le bien et le mal, l'amour et la haine, la guerre et la paix.

L'ici-bas et l'au-delà étaient pour eux l'expression d'un seul et même monde, à la fois visible et invisible. La mort faisait ainsi partie d'un cycle éternel et ne devait pas être crainte. Les Celtes croyaient en l'immortalité de l'âme et, dans cette mesure, ils considéraient la mort comme le milieu d'une longue vie, « milieu » devant être vu comme un passage, une transition.

Les druides détenaient le savoir

Les druides, vêtus de blanc et portant de longues barbes, étaient les sages ou les prêtres des peuples celtes. Leur arbre fétiche était le chêne dont, d'après Pline l'Ancien (vers 23-79), ils coupaient le gui avec une serpe en or à certaines périodes précises de l'année. Ils lui prêtaient

Le gui était sacré pour les druides, car ils espéraient en tirer des pouvoirs magiques. Il ne devait être coupé qu'avec une serpe en or. Le gui toujours vert était le symbole de la vie éternelle dans la nature.

Stonehenge est le centre de la culture mégalithique dans les îles Britanniques. Entre les imposants piliers de pierre, les druides vêtus de blanc célébraient, à différentes périodes de l'année, des rituels secrets consacrés à la vie et à la mort.

des vertus magiques. Les druides connaissaient de nombreuses plantes médicinales et étaient de talentueux devins. Grâce à leurs observations de la nature, ils étaient également d'excellents astronomes et d'habiles mathématiciens.

Selon leurs croyances, la vie, mais également chaque individu, pouvait être influencée par la parole – par des serments ou par des invocations et des formules magiques. Il n'existe aucune trace écrite, mais l'on sait que la plupart des druides maîtrisaient l'écriture. De plus, ils transmettaient leur savoir à leurs disciples, qui se désignaient eux-mêmes, de préférence dans les bois car ils étaient persuadés que les arbres pouvaient leur apprendre l'essentiel de ce qu'il y avait à savoir sur la vie. L'ensemble des connaissances était exclusivement transmis par oral.

L'autre monde était synonyme de félicité

Le seul enseignement traditionnel des druides commun à toute l'humanité concernait l'immortalité de l'âme et sa vie éternelle dans un autre monde. Pour les Celtes, cet autre monde était un paradis où la nourriture abondait. D'après des textes irlandais narrant les légendes héroïques et les mythes celtes, qui furent recueillis dans les monastères de l'île au début du Moyen Âge, les Celtes croyaient à l'immortalité de l'âme et à la réincarnation, mais ces deux notions appartenaient à deux registres totalement différents. Le cycle de vie normal de l'âme impliquait l'immortalité et l'entrée dans l'autre monde, pays de la grande félicité selon la conception celtique.

Les Celtes croyaient que les passages dans l'invisible royaume des morts se situaient surtout sur les rives de lacs isolés. Les frontières entre l'ici-bas et l'au-delà tombaient particulièrement pendant la nuit du 31 octobre au 1er novembre.

La réincarnation, une exception à la règle

Après la mort, tous les hommes ou presque connaissent le même sort : ils vont dans l'autre monde. À l'opposé, la réincarnation représentait une exception, elle était l'apanage de quelques personnages légendaires. Cependant, certains spécialistes des peuples celtes considèrent aujourd'hui que, dans certaines conditions particulières, la renaissance sous la forme d'un animal était néanmoins possible pour une personne normale. Quelques légendes celtiques rapportent en effet de tels événements.

Des passages menant dans le royaume des morts

Pour les Celtes, la mort n'était donc pas inhabituelle et ne représentait pas non plus une coupure dans le cours de leur vie. L'invisible frontière entre les vivants et les morts s'ouvrait une fois par an durant Samain, qui correspond à la fête d'Halloween fêtée aujourd'hui aux États-Unis et dans certains pays européens la nuit du 31 octobre.

Dans la religion celte, l'autre monde, le monde des morts, n'est pas un endroit situé sous la terre ou dans les nuages. Les morts restent toujours proches des vivants et réciproquement. Ils existent pour ainsi dire côte à côte. À l'occasion de Samain, le voile qui sépare visuellement les deux mondes tombe. Notre monde et l'autre monde se rencontrent alors sans obstacles. Ce phénomène est à prendre au sens strict, comme la disparition d'un mur séparant jusqu'alors deux zones.

Poésie extraite de *La Navigation de Bran*[6]

Il est une île lointaine ;
Tout autour resplendissent les chevaux de la mer.
On n'y connaît ni tristesse, ni trahison ;
Rien qu'une agréable musique qui frappe l'oreille.
C'est un jour de beau temps éternel,
Homme et femme jolie derrière le buisson,
Sans péché, ni transgression.
Nous sommes depuis le commencement du temps
Sans vieillesse, sans la coupure du cimetière.

Dans les légendes et les écrits sur la culture celte, les mortels et les immortels se rencontrent, tombent amoureux. Des mortels sont également enlevés et conduits dans l'autre monde. Les dieux et les hommes communiquent ainsi de façon très « naturelle ».

La merveilleuse image de l'au-delà celte

Tandis que, selon les croyances celtes, la porte reliant notre monde à l'au-delà n'est ouverte à tous que pendant Samain, elle reste toujours entrouverte pour les devins et les poètes. Les trous profonds, les sombres lacs de forêt, au-dessus desquels des nuées s'amassent, et en particulier les sites mégalithiques du passé représentent des entrées ou des passages privilégiés vers le monde des immortels.

Les vivants, qui parviennent dans l'autre monde par cette voie, découvrent quelque chose de stupéfiant : l'autre monde est en tous points semblable au monde réel. Il possède également une classe supérieure richement vêtue qui passe son temps à écouter de la musique et à danser, au cours de fêtes continuelles pendant lesquelles sont servis des mets et des breuvages délicieux. La maladie, la douleur, les larmes et la mort y sont inconnues.

Même le climat y est toujours clément. Bien que quelques textes en ancien irlandais parlent également d'elfes, de spectres, de monstres, de terrifiants fantômes et de cruelles sorcières, qui sèment la zizanie dans ce monde de paix et d'harmonie, les morts ne doivent pas s'en inquiéter. Cette terre de promesse, ce pays de l'éternelle jeunesse ou cette île des Bienheureux, comme on appelle également cet autre monde, reste dans son innocence presque immaculée. Malgré tout, la contradiction reste l'une des caractéristiques essentielles de l'autre monde celtique.

La fête d'Halloween date de l'ancien festival celte de Samain. Durant la dernière nuit d'octobre, les vivants se rapprochent des morts et réciproquement. Des visages effrayants sculptés dans des citrouilles contribuent à créer une ambiance à donner le frisson.

L'autre monde, Tir Na Nog, l'île des Bienheureux

Pour les Celtes, il n'était pas contradictoire que l'autre monde, appelé Tir Na Nog (l'île de l'éternelle jeunesse) par les Celtes de Bretagne, soit situé simultanément très loin à l'ouest au-delà du soleil couchant et à l'endroit précis où ils vivaient eux-mêmes. Pour les Celtes, la vie quotidienne ne se déroulait que dans l'esprit des gens et n'avait rien à voir avec la « vraie » réalité. L'essentiel restait invisible. Ce que les hommes pensaient voir n'était qu'une illusion. Bran est l'un des principaux personnages de la littérature irlandaise. Son aventure sur les mers fut évoquée par écrit dès le VIIe siècle apr. J.-C.

Conclusion sur la conception celtique de l'au-delà

Le paradis des Celtes, si l'on peut l'appeler ainsi, est d'une certaine façon apparenté à celui de l'islam car leurs descriptions se ressemblent. L'autre monde est dépeint par les poètes et les prophètes avec des couleurs vives ; c'est un pays sur lequel le temps et la mort n'ont pas de prise. On y trouve de riches trésors, et la nature nourrit tous et toutes sans que personne n'ait à s'en soucier.

Les représentations de l'au-delà indiquent également toujours ce qui était bénéfique et primordial pour les vivants. La nourriture est inépuisable ; nos ancêtres avaient apparemment une vie difficile, ils connaissaient la famine et de mauvaises récoltes. Dans l'au-delà, tous ces problèmes disparaissaient.

Les Celtes étaient convaincus qu'ils atteindraient un jour cet au-delà, quoi qu'il se passe. Il n'y avait pas de châtiment pour les mauvaises actions, ni de jugement au sens chrétien du terme. Bien que quelques monstres fissent de temps à autre leur apparition, il ne fallait en aucun cas s'en inquiéter.

Le célèbre chaudron en argent de Gundestrup montre comment les Celtes se représentaient la vie après la mort. Les soldats tués au combat étaient jetés la tête la première dans un chaudron gigantesque par le dieu Dagda, puis ramenés à la vie.

Les Walkyries étaient à l'origine des démons de la mort qui apparaissaient aux guerriers tombés sur le champ de bataille. Par la suite, elles devinrent elles-mêmes des guerrières divines qui portaient le coup fatal pendant les combats.

GERMANIQUES

Rites funéraires germaniques

Lorsqu'un Germain mourait, on emplissait ses yeux, ses narines et sa bouche de divers matériaux, comme de la glaise.

Il était interdit de faire passer le seuil de la maison au mort en le portant. Il devait être traîné par la porte ou sorti de la maison par une ouverture pratiquée dans l'un des murs. Quiconque ne respectait pas cette règle devait s'attendre à la terrible vengeance du défunt, qui pouvait s'étendre sur plusieurs générations.

Les morts étaient incinérés ou enterrés dans un caveau. Comme en témoignent des objets retrouvés à l'intérieur de tombeaux, les femmes des valeureux guerriers et des rois étaient enterrées vives à côté de leurs époux, avec leurs armes et leur chien préféré.

La porte du tombeau était ensuite scellée. C'est ainsi que la femme rendait son dernier souffle dans les bras du mort : « Je veux, ô chef, dormir dans tes bras, comme je l'ai fait avec le prince pendant sa vie[7] (*voir* p. 94). »

La « mort commune », les Walkyries et le dieu Odin

Les peuples germaniques croyaient en un lieu situé dans l'au-delà, créé pour les âmes des guerriers morts au combat. Seuls ceux qui étaient tombés au combat pouvaient accéder à ce paradis, appelé Walhalla ou Valhalle. Leur courage et leur loyauté y étaient célébrés, tandis que leurs péchés n'étaient ni étudiés ni jugés. Ceux qui mouraient d'une « mort commune », c'est-à-dire chez eux, dans leur lit, rejoignaient un monde ténébreux appelé Hel. Cette mort était considérée comme indigne. Les guerriers germaniques morts dignement (que l'on nommait les *Einherjer*) étaient conduits dans le Walhalla par les Walkyries (en germain, *Wala* signifie « mort »), les vierges divines. Le Walhalla était une salle immense, possédant 540 portes (800 Einherjer pouvaient les franchir de front), située dans le palais Gladsheim du dieu Odin, à Asgard dans le royaume des Ases (lignée des dieux dans la mythologie nordique). Le toit de cette salle était composé de boucliers qui reposaient sur des lances faisant office de poutres. Dans ce palais vivaient Odin et sa femme Frigg.

Le Walhalla et des cornes à boire toujours pleines

Dans le Walhalla, les valeureux guerriers occupent leurs journées en s'affrontant en duel ou en chassant un sanglier mythique qui renaît chaque soir. Le soir, ils s'assoient dans la grande salle du palais et festoient de la chair du sanglier sacré tandis que les Walkyries leur versent sans cesse de l'hydromel dans des cornes à boire. On ne sait pas quelles sont leurs autres activités. Le dieu Odin préside le banquet et se réjouit avec les héros à l'idée qu'un combat éternel détermine le destin des hommes comme des dieux.

Pas d'âme, seulement des souvenirs

L'une des clés pour comprendre l'eschatologie germanique est la croyance qu'au moment de la mort l'âme ne se sépare pas du corps. Pour être plus précis, les Germains ne croyaient pas à l'existence de l'âme, telle que la conceptualise par exemple l'Occident chrétien. Le mort continue d'exister à travers ses actes, ses enfants et sa réputation. Les peuples germaniques considéraient que les actions du défunt, de son vivant, étaient d'une importance capitale. Il ne vivait qu'à travers les souvenirs qu'il avait laissés de lui.

En conséquence, les Germains ne considéraient pas le tombeau comme le dernier lieu de repos des morts. La relation entre la tombe dans notre monde et l'âme dans l'au-delà n'existait pas. Une telle pensée leur était

Odin, ou Wotan, est le dieu principal de la mythologie germanique. Il a diverses attributions : dieu des poètes, dieu des morts, dieu de la guerre, dieu de la magie, des runes et de l'extase. Odin attend les héros défunts dans le Walhalla.

totalement étrangère. Les morts conservaient leur apparence charnelle, mais vivaient dans d'autres conditions. Et cela, même lorsque le corps avait été incinéré. Le corps en tant que tel restait indestructible.

Le plus grand lieu de sépulture des Vikings en Scandinavie compte plus de six cents tombes, souvent en forme de bateaux. La déesse des morts, Ran, emmenait les âmes dans son royaume au fond de la mer.

La crémation était connue des peuples germaniques. Les revenants en particulier, appelés *draugars*, ne pouvaient être anéantis que par le feu. On répandait ensuite leurs cendres dans un fleuve ou dans la mer.

Draugars et morts-vivants

Les morts ne restaient pas tous dans leur tombe. Certains apparaissaient sous la forme de revenants (à ne pas confondre avec les revenants des croyances populaires slaves) ou de morts-vivants (*draugars*). Ils connaissaient la faim et la soif, et craignaient le froid et l'humidité. La physionomie des *draugars* dépendait de la façon dont ils étaient morts. Les noyés apparaissaient trempés, ceux qui avaient été blessés étaient couverts de sang et de plaies, les pendus portaient la marque de la corde sur leur cou meurtri. Pour maîtriser un *draugar*, il fallait ouvrir son tombeau, en sortir le cadavre, séparer la tête du corps, la placer à côté des fesses puis incinérer le corps et répandre les cendres dans la mer ou dans un fleuve. S'ils terrorisaient leur environnement et les vivants, ils transmettaient également de nombreuses prophéties, car on pouvait les interroger sur l'avenir. Les morts devenaient ainsi des intermédiaires entre les mondes et les époques. Cependant, seule la magie pouvait les contraindre à faire des déclarations surnaturelles. Ils n'étaient disposés à parler volontairement que dans de très rares cas.

Métamorphoses

Les peuples germaniques ne croyaient pas à la conception moderne de la personnalité humaine. Pour eux, il n'existait aucune spéculation sur ce qui constitue le « moi » ou sur ce qui différencie le « moi » d'un individu par rapport à celui d'un autre.

Par conséquent, il leur arrivait de penser que deux hommes vivaient la même vie. Leurs proverbes traduisent cet état d'esprit. Lorsqu'un père et sa fille mouraient le même jour, on disait qu'ils avaient eu la vie d'une seule personne. Plus encore : Odin pouvait changer d'apparence ; il était parfois un oiseau, parfois un poisson, tandis que son corps reposait inerte.

Loki, le dieu nordique du feu, pouvait lui aussi se métamorphoser. D'après les croyances des Germains, de nombreuses personnes possédaient également ce don, qui pouvait même toucher tous les membres d'une famille.

Le fait de croire aux loups-garous, c'est-à-dire à des hommes qui se transforment en animaux sauvages lors des nuits de pleine lune, nous vient de ces légendes.

Ran, souveraine des noyés

Les peuples nordiques vénéraient une déesse des morts qui ne s'occupait que des noyés. Ils l'appelaient Ran et, selon la mythologie eddique, elle était la femme du dieu marin Ægir.

L'*Edda* est un recueil des traditions mythologiques et légendaires des anciens peuples nordiques. Chez les Germains, lorsqu'une personne se noyait, on disait qu'elle était tombée « dans les mains de la déesse Ran ». Les hommes imaginaient que son royaume des morts était situé au fond de la mer, où les noyés s'échouaient. Avec son mari Ægir, elle eut neuf filles, qui en tant que descendantes d'Ægir sont identifiées aux vagues. Ægir était décrit comme un géant sage et bon, tandis que Ran capturait les noyés dans un filet pour les empêcher de rejoindre le Walhalla ou le Hel. Pour les Germains, Ran personnifiait le côté sombre de la mer. L'étymologie du mot *ran* vient probablement du mot « dérober ».

Hel, déesse des enfers

Les enfers, situés dans les profondeurs de la terre, étaient le domicile de la déesse Hel. Les salles dans lesquelles elle emmenait les morts qui n'allaient pas en héros dans le Walhalla, étaient typiques de son domaine.

Le pont en or qui menait aux enfers était gardé par la géante Modgud. Sur ce pont doré, les morts croisaient Garm, le chien des enfers, qui, s'il les laissait passer sans problème, ne les autorisait jamais à faire demi-tour. Les rayons du soleil n'atteignaient pas le royaume de Hel. Les murs des salles étaient faits de corps de serpents. Une pluie toxique coulait dans la cheminée.

Le dragon Nidhögg se nourrissait des cadavres des malfaiteurs. Dans la mythologie nordique, Hel présente un côté noirâtre (comme la chair décomposée) et un côté pâle (comme la chair vivante), elle est sombre et terrifiante. Son nom est à l'origine du mot anglais *hell* et du mot allemand *hölle*, qui signifient tous deux « enfer ». Certains spécialistes doutent du fait que la représentation de Hel existait réellement à l'époque préchrétienne. Selon eux, les enfers germaniques n'étaient pas personnifiés par une déesse. Quoi qu'il en soit, l'existence de Ran prouve qu'il existait bien de telles personnifications dans la mythologie germanique et dans les croyances de cette époque.

Les pendus connaissaient un sort terrible jusque dans la mort : ils étaient démembrés. D'après une ancienne superstition, on craignait que les morts sortent de leurs tombes.

Représentation de l'au-delà

SELON LES GRANDES RELIGIONS

JUDAÏSME ET CHRISTIANISME

Le Schéol juif, un pays sans retour

Le christianisme est issu du judaïsme, et les juifs croyaient autrefois également à un au-delà. Ils appelaient Schéol le lieu souterrain, sombre et désertique, où les trépassés allaient. *Schéol* est un mot hébraïque qui signifie « au-delà », « imperceptible ». Le concept désigne cependant aussi la tombe, le caveau ou le royaume des morts. L'au-delà était un endroit de décomposition, un lieu d'obscurité, un pays de désordre, où les pauvres comme les riches, les seigneurs comme les esclaves, les rois et les princes, les petits et les grands, allaient après leur mort. Le Schéol est un pays sans retour, comme on l'apprend dans l'Ancien Testament : « Sous toi, un matelas de vermine et les vers sont ta couverture[8] (*voir* p. 94). »

Il n'est nulle part fait mention d'une résurrection des morts. Cependant, Yahvé joue en arrière-plan le rôle de souverain de la vie et de la mort, tout en régnant simultanément sur le Schéol.

Dans le deuxième livre des Rois, le prophète Élie est « enlevé ». En fait, il est en train de vivre son ascension au ciel. Cette représentation de l'Ancien Testament servit de base à la naissance de la croyance en la résurrection dans le christianisme. Le judaïsme lui-même n'a, jusqu'à aujourd'hui, toujours pas développé de représentations de l'au-delà, car il attend la venue du Messie sur terre. Après cela, le royaume de Dieu ici-bas sera infini.

La foi en la venue du Messie sur terre perdure chez les juifs depuis des milliers d'années. Grâce à lui, la souveraineté de Dieu sur le monde commencera enfin, et Jérusalem pourra être la ville éternelle de ce royaume divin.

L'attente du Messie

Dieu et son Messie mettront un terme à l'ère du mal. Immédiatement après viendra un royaume fondé par Dieu, et la vie sur terre continuera dans de meilleures conditions.

La croyance en la libération d'Israël et de tous les peuples reste au cœur du judaïsme. L'avènement du royaume éternel de Dieu aura lieu dès que le *Maschiach* (mot hébraïque pour messie), dont la venue est attendue, ouvrira la porte du paradis, que tous les peuples du monde arriveront en masse à Jérusalem pour se soumettre à la volonté de Dieu et que les frontières entre l'ici-bas et l'au-delà disparaîtront à tout jamais.

Résurrection et Apocalypse dans le judaïsme

Les croyances juives concernant les morts, qui ne pouvaient plus louer Dieu et devenaient des ombres dans le Schéol, ne se modifièrent que très lentement pour laisser apparaître la notion de résurrection. Mais Dieu ne ressuscite que les justes, comme le soulignent les psaumes de Salomon. Les athées demeurent pour toujours en état de mort.

Cependant, les juifs n'avaient pas tous foi en la résurrection. Le Nouveau Testament et l'auteur romain Flavius Josèphe (vers 70 ap. J.-C.) attestent que les Sadducéens (communauté juive favorable aux Romains), contrairement aux Pharisiens, n'admettaient pas cette foi en la résurrection. L'Apocalypse juive modifia radicalement la conception d'un lieu de damnation éternelle pour tous. Elle développa l'idée que le destin du monde se déroulait suivant les plans de Dieu, le peuple juif se trouvant précisément au centre du projet divin.

Jésus de Nazareth et le royaume des cieux

L'attente de l'arrivée prochaine du Messie était grande à l'époque de Jésus. Il existait alors de nombreux prophètes et messies autoproclamés qui prêchaient à Jérusalem et partout ailleurs. Jésus se disait lui-même envoyé par Dieu pour sauver tous les hommes.

L'attente de l'arrivée prochaine du Messie était très grande à l'époque de Jésus. Celui-ci s'était proclamé l'envoyé de Dieu, venu pour sauver les hommes.

Il critiquait ouvertement le mauvais comportement aussi bien des croyants que des prêtres de son époque. Il prêchait l'idée qu'il existait une relation directe et naturelle entre Dieu et les hommes, concept qui est l'un des fondements du judaïsme. Ses paroles sur le royaume de Dieu, venu parmi les hommes, sur le royaume de son père dans les cieux, se résumait ainsi : celui qui croit en Jésus et à son message connaîtra ici-bas le royaume des cieux. Jésus de Nazareth renouait le lien entre Dieu et l'homme, et, en ressuscitant les morts et en les plaçant à l'égal des vivants, il modifiait la notion de l'au-delà. Dissident, prophète messianique, il fut considéré comme un usurpateur et condamné à la crucifixion, comme le voulait la coutume romaine de l'époque.

La résurrection de Jésus constitue le point central de la théologie chrétienne.
Jésus est, pour tous les hommes qui croient en lui, ressuscité des morts.
L'ici-bas et l'au-delà ne sont de ce fait plus des contraires absolus.

Résurrection des morts

Jésus mourut donc sur la croix. Toutefois, il se produisit ensuite un événement décisif : Jésus ne resta pas dans la mort mais retourna parmi les vivants trois jours plus tard. Il possédait alors un corps transfiguré (le corps des ressuscités qui n'appartient pas à ce monde), de sorte que, Marie-Madeleine, première personne à s'approcher du tombeau le lendemain, ne le reconnut pas au premier abord et le prit même pour le jardinier. Peu de temps après en revanche, ses disciples eurent la conviction que la résurrection de Jésus bouleversait la notion du lien entre le ciel et la terre, entre l'ici-bas et l'au-delà et entre Dieu et les hommes. Les premiers chrétiens pensaient même que cet homme ressuscité, puis monté au ciel, allait revenir rapidement. Ce second avènement est nommé la « Parousie », et l'apôtre Paul avait prédit que le Seigneur reviendrait de son vivant, descendrait des cieux et conduirait tous les chrétiens dans son royaume. L'ici-bas et l'au-delà se fondraient l'un dans l'autre, et Dieu serait à jamais uni à ses créatures, dans la félicité.

La Parousie et le Jugement dernier

La Parousie, le retour du Christ, n'a pas eu lieu. Rien ne s'étant passé à l'époque de l'apôtre Paul, Jean l'Évangéliste annonça, dans l'Apocalypse, un règne millénaire du Christ. Dans l'attente de la résurrection, les morts qui avaient été baptisés devaient reposer en paix dans leurs tombes.

La résurrection de la chair adviendrait au moment du Jugement dernier. Dieu jugerait alors les pécheurs, et ceux-ci n'échapperaient pas au châtiment qu'ils méritent.

L'apparition de l'enfer

La représentation du ciel et de l'enfer, telle que les chrétiens la connaissent aujourd'hui, n'avait pas à l'origine une forme aussi marquée. L'Évangile selon saint Jean mentionne un « monde supérieur », patrie de Dieu et de sa milice céleste, les anges.

Les tourments éternels de l'enfer, sombre et incandescent, attendent les pécheurs. Les représentations chrétiennes de l'enfer reprennent en partie celles de l'Hadès des anciens Grecs et du Schéol juif.

On trouve dans la religion juive le concept de *Gehinnom* ou *Gehenna*, la Géhenne, qui désigne à la fois un endroit bien réel, la vallée de Hinnom près de Jérusalem, mais également un lieu destiné aux damnés éternels.

Cette représentation comporte également le Schéol, tandis que de nombreux traducteurs du Nouveau Testament ont établi un parallèle entre les concepts de Schéol et de Géhenne et l'Hadès grec.

Par exemple, lorsque, dans l'évangile selon Matthieu 11,23, Jésus dit : « Et toi, Capharnaüm, seras-tu élevée jusqu'au ciel ? Tu descendras jusqu'au séjour des morts [l'Hadès] ! Car si les miracles qui ont eu lieu chez toi avaient eu lieu à Sodome, elle subsisterait encore aujourd'hui. », il veut expliquer qu'elle sera maudite pour l'éternité, ce qui représente clairement le contraire du ciel.

Les représentations du ciel et de l'enfer, c'est-à-dire de l'au-delà, étaient à l'origine plutôt vagues et pas encore aussi marquées qu'elles ne le furent au Moyen Âge. À cette époque, cette représentation outrancière encourageait les hommes à se laver de leurs péchés avant de mourir, par des dons à l'Église, par exemple.

Attendre le retour de Jésus

Plus la Parousie se fit attendre, plus les représentations de la vie éternelle devinrent concrètes. Le paradis sera un lieu éternel où la joie dépassera de loin celle ressentie pendant la vie terrestre.

Au Moyen Âge, l'Église a abusé de cette image du paradis. Les inégalités sociales étaient souvent bien acceptées car il était communément admis que les pauvres trouveraient au paradis une contrepartie pour toutes les injustices subies sur terre. Cette représentation excessive du paradis fut largement critiquée.

Le paradis était le symbole de la satisfaction totale des besoins, un lieu d'éternité où tous seraient également riches, jeunes et heureux.

Si les autorités, l'Église et les nobles voulaient mener grand train, le croyant ne devait pas en être affligé ici-bas car, au paradis, il prendrait sa revanche. Cette promesse de bonheur fut bien souvent un alibi destiné à excuser des comportements peu conformes à la religion.

La mort selon les conceptions du Moyen Âge chrétien

Selon les croyances chrétiennes, mourir signifie la séparation du corps et de l'âme. Cette désunion n'est cependant que temporaire car, à la fin des temps, le corps et l'âme seront de nouveau réunis. Lors du Jugement divin, Dieu séparera les bons des méchants et attribuera, selon les cas, châtiment ou récompense. Certains tableaux médiévaux représentent la mort sous les traits d'une lugubre faucheuse qui agit de façon arbitraire.

La mort, figurée par une faucheuse ou un squelette, n'est ni soumise ni clémente. Dieu n'a aucun pouvoir sur elle. La mort, d'après un récit de 1522, ne connaît ni la compassion ni la pitié et ne fait aucune distinction entre les uns et les autres. Elle fauche n'importe qui, l'arrache à la vie et l'emmène dans un lieu sombre, sans lumière ni soleil. L'âme s'est alors séparée du corps – mais étrangement, ce texte ne fait pas référence à ce qui arrive alors à l'âme.

La mort est la sombre tombe dans laquelle les hommes sont emmenés par la faucheuse, ni un paradis, ni un purgatoire, ni un enfer. Le salut des hommes n'existe que dans la perspective d'un lointain jugement s'ils ont mené une vie chrétienne et favorable à Dieu.

Le dogme du purgatoire

Pourtant au XIIIᵉ siècle, le pape Benoît XII (1285-1342) avait formulé un dogme selon lequel les âmes des défunts qui n'avaient pas besoin de purification, allaient directement à Dieu sans jugement dernier. En revanche, les pécheurs étaient jetés en enfer pour l'éternité. Le dogme faisait également mention d'une période de purification, limitée dans le temps, pendant laquelle les autres âmes passaient dans le purgatoire où elles étaient préparées pour monter au ciel. Le concept d'un jour dernier n'a jamais totalement disparu des croyances de l'Église. Martin Luther (1483-1546) lui-même espérait une fin du monde, à l'occasion de laquelle renaîtrait un homme dépourvu d'imperfections humaines, qui posséderait un corps splendide et serait immortel. Alors, selon Martin Luther, Dieu serait en toutes choses.

Le purgatoire est une notion qui apparut au Moyen Âge. Le pape Benoît XII avait formulé le dogme selon lequel les âmes des morts qui n'avaient pas péché trop lourdement iraient dans ce lieu de purification.

Dante : l'enfer, le purgatoire et le paradis

Dans son œuvre majeure, *La Divine Comédie*, le célèbre poète italien Dante Alighieri (1265-1321) étudia le thème de l'au-delà d'une manière très particulière. Dans ce livre, il décrit son voyage à travers l'enfer vers le mont de la purification (le purgatoire), puis jusqu'au paradis en compagnie de Virgile. L'enfer et le paradis sont divisés chacun en cercles concentriques. Plus on s'approche du cercle interne, plus les âmes des défunts sont, selon le cas, pécheresses ou pures.

Toutes les personnes que Dante rencontre sont en tous points semblables à ce qu'elles étaient ici-bas. Leur caractère n'a pas changé. Dante montre la réalité terrestre dans le monde des morts. L'ici-bas et l'au-delà sont liés comme le jour et la nuit.

L'univers de Dante, qui comprend notre monde, l'au-delà et les astres dans leurs orbites, est sphérique. À un endroit donné de sa surface se trouve l'entrée de l'enfer, à l'opposé se situe le paradis. Le tout est entouré par les neuf sphères astrales au sommet desquelles se trouve un dixième ciel, demeure de Dieu et source de toute sa force créatrice[9] (*voir* p. 94). Rien ni personne ne peut vaincre la force créatrice de Dieu. Dans l'au-delà de Dante, celle-ci est invincible.

Un monde fait de plusieurs couches

L'ici-bas et l'au-delà sont décrits à la fois comme horizontaux et verticaux. Les morts habitent les uns au-dessus des autres et restent liés pour toute éternité au pouvoir divin. Dante décrit l'enfer comme un entonnoir composé de neuf cercles de pénitence ; il s'agit du célèbre *Enfer de Dante* tel que l'a magistralement représenté, dans toute son horreur, le peintre Bartolomeo di Fruosino (1366-1441) vers 1420. Dans le royaume des morts, les hommes se pressent dans un endroit confiné. Au purgatoire, les âmes doivent expier leurs péchés dans la souffrance, tandis que, dans les palais étoilés et étincelants du paradis, les bienheureux vivent pour l'éternité dans la lumière.

Depuis le Moyen Âge, la mort est représentée par une faucheuse, car elle « fauche » littéralement les hommes comme du blé mûr. La mort est en même temps un squelette, qui vit éternellement sans avoir besoin ni de boire, ni de manger, ni de respirer.

Le célèbre poète italien Dante évoque le thème de l'au-delà dans son œuvre majeure, *La Divine Comédie*. Dans ce livre, il décrit un voyage à travers l'enfer vers le purgatoire, puis jusqu'au paradis céleste.

La Parousie désigne le retour de Jésus sur terre à la fin des temps.
Le Jugement dernier, au cours duquel les méchants seront punis
et les bons récompensés, est également lié à ce concept. Les bons
connaîtront alors une communauté éternelle avec Dieu.

Les attentes concernant la fin des temps chez les chrétiens d'aujourd'hui

Comme par le passé, les différentes Églises – catholique,
évangélique, anglicane et orthodoxe – attendent la Parousie,
le retour final de Jésus, qu'il a lui-même annoncé.
Cependant, elle est attendue depuis plus de deux mille
ans et le royaume de Dieu dans sa plénitude n'a pas
encore commencé, ce qui ne facilite pas l'interprétation
de l'enseignement chrétien. L'attente de la fin des temps
dans le christianisme comprend en réalité deux aspects :
l'avenir de l'Église et le destin de chacun dans le futur
au-delà, c'est-à-dire dans le royaume de Dieu. L'apparence
concrète de ce royaume reste très vague dans la conception
religieuse. Par ailleurs, les thèmes de l'attente du salut
et du bonheur absolu pour tous ont également été repris
dans les utopies terrestres sous la forme de promesses
sociales. Pour les non-croyants, il s'agit là d'une alternative
aux concepts religieux. Pour les chrétiens, la vie éternelle
dans la théologie actuelle ne se pose pas en contraste
à la vie terrestre mais est au contraire vécue comme
une continuité aux côtés du Rédempteur.

Une communauté éternelle avec Dieu à la fin des temps

Pour l'Église, le ciel représente une communauté éternelle
des croyants avec Dieu et les saints, dans laquelle il n'existe
plus de problématique terrestre. Chacun déploiera alors
tous ses talents et sera heureux. L'Église s'est éloignée
de la vision de l'au-delà comme possibilité d'une vie après
la mort. L'au-delà, tel que le décrivent beaucoup de peuples
primitifs et d'anciennes religions, n'existe pas sous cette
forme dans la compréhension théologique de toutes
les Églises. Les croyances se dirigent aujourd'hui bien
plus vers la conception suivante : le mort tombe dans
une sorte de sommeil de l'âme et erre dans cet état

L'Eucharistie protège et secourt le défunt lors de la résurrection.

Au moment de la mort, on entonne le chant suivant : « Venez, saints de Dieu, accourez, anges du Seigneur. Prenez son âme et présentez-la devant la face du Très-Haut[10] (*voir* p. 94). »

On chante ensuite des psaumes tandis que le mort est lavé, habillé et allongé sur une civière. Par la suite, le corps est conduit à l'Église dans une procession pendant laquelle on chante encore : « Tu as ordonné que je naisse, Seigneur, tu as promis que je ressusciterai, sur ton ordre les Saints peuvent venir. Ne me laisse pas, car j'ai foi en toi[10]. »

Toute vie est éphémère et chacun doit mourir et être enterré. Pour les croyants, il est important d'espérer qu'un jour Dieu rappellera les morts à lui. Jusqu'à ce moment-là, les morts demeurent dans un état de sommeil de l'âme.

La croyance à la réincarnation dans l'Occident chrétien

Les deux tiers de la population mondiale croient à la réincarnation ou à la renaissance. Même aux débuts du christianisme, le concept de « résurrection de la chair » (traduction littérale du mot réincarnation) était très répandu.

Selon toute vraisemblance, les enseignements concernant la réincarnation étaient considérés comme secrets et ne devaient pas être transmis aux laïcs mais exclusivement à une élite.

Origène d'Alexandrie (185-254), éminent Père de l'Église, expliquait que l'âme était déjà présente avant l'apparition du monde matériel : « Nous sommes obligés de recommencer de nouvelles existences toujours meilleures, soit ici-bas, soit dans d'autres mondes. Notre dévouement à Dieu, qui nous purifie de tout mal, signifie la fin de notre renaissance[11]. »

Pour Origène, le sens de la vie résidait dans le fait que l'âme se purifiait au cours de plusieurs réincarnations pour pouvoir être de nouveau admise à rejoindre la communauté de Dieu. Cependant, ce dogme du Père de l'Église fut rejeté, nombre de ses manuscrits furent brûlés et toute référence à la réincarnation fut supprimée définitivement de l'enseignement chrétien au IVe siècle par l'empereur Constantin.

jusqu'à ce que le Jugement dernier ait lieu. Cependant, le purgatoire existe toujours, comme par le passé, et représente une chance de se purifier du mal avant le Jugement dernier.

Les derniers sacrements

Les chrétiens croient que le Créateur donne puis reprend la vie. Lorsqu'un catholique est mourant, il reçoit pour la dernière fois l'Eucharistie (la communion).

Le diable est un ange déchu, tombé du ciel sur la terre, car il s'était élevé contre Dieu. Ceux qui s'étaient alliés à lui furent également déchus. Anges et démons sont considérés comme des opposés.

L'aide des messagers divins

Les anges, du mot latin *angelus* qui signifie « messager », sont mentionnés aussi bien dans l'Ancien que dans le Nouveau Testament. Ce sont les anges qui chassèrent Adam et Ève du paradis et ce sont également eux qui annoncèrent la résurrection de Jésus devant son tombeau. Les anges sont des esprits créés par Dieu ; ils sont les représentants du ciel et servent d'intermédiaires entre Dieu et les hommes. Ils habitent en divers endroits du ciel d'où Dieu les envoie parmi les hommes pour leur transmettre ses messages. Les anges déchus sont les démons. Ils se regroupent autour de leur chef, Satan, qui fut autrefois le plus grand de tous les anges mais qui fut déchu pour s'être opposé au Créateur.

Les anges protègent, libèrent et secourent les hommes, mais ils appliquent également la sentence divine lorsque ces derniers utilisent leur libre arbitre à mauvais escient.

La classification des anges

Depuis le Vᵉ siècle, les anges sont répartis en trois catégories subdivisées en neuf classes ou chœurs, dont les Séraphins, les Chérubins et les Trônes représentent les rangs les plus élevés. Viennent ensuite les chœurs des dominations, des vertus et des puissances. Puis l'on trouve enfin les principautés, les archanges et les anges. Les archanges les plus importants sont Raphaël, Uriel, Michel et Gabriel, qui apparaissent dans le christianisme et le judaïsme ; Michel et Gabriel sont également présents dans l'islam. Les anges aident non seulement Jésus grâce à leurs dons et leurs aptitudes, mais ils assistent également les hommes lorsqu'ils meurent ou quand ils sont en danger. Les anges guident les défunts jusqu'à Dieu dans l'obscurité de la mort. Cette image est déjà présente dans le Nouveau Testament dans le texte concernant Lazare, l'homme que Jésus a ressuscité des morts, où il est dit que les anges portent le mort dans le sein d'Abraham.

L'archange Michel est un des anges les plus célèbres de la religion chrétienne. De nombreux lieux portent son nom comme le mont Saint-Michel en Normandie.

ISLAM

Mahomet, prophète d'Allah

Le prophète Mahomet ne choisit pas son élection.
Il reçut la Révélation dans une grotte sur le mont Hira,
près de La Mecque, où il avait l'habitude de se recueillir.
Pendant le mois de ramadan, Dieu transmit sa parole
au prophète par l'entremise de l'ange de l'annonciation
Gabriel. Celui-ci dicta à Mahomet les sourates qui
formeront le Coran.

Au cœur de cette religion se trouve l'affirmation
qu'Allah est le seul et unique dieu. Les hommes
se soumettent à Allah dans toutes leurs pensées
et actions. La soumission signifie également espoir
et confiance dans l'avenir. Les hommes doivent se
comporter avec humilité et se donner du mal pour
Dieu. Mahomet mourut en 632 après avoir posé les bases
d'une foi musulmane, forte jusqu'à aujourd'hui.

Le Jugement dernier et l'apparition de l'au-delà

Les révélations du Coran annoncent, comme dans
le christianisme, la fin des temps et le jour du Jugement.
Jusqu'à ce jour, les âmes demeurent dans un endroit,
dont la description n'est pas détaillée. Les anges peuvent
éventuellement leur infliger différents types de châtiments :
par exemple, la tombe sera creusée très étroite pour
les pécheurs. L'au-delà réel ne fera son apparition dans
notre monde que lors du jour dernier et le remplacera
à jamais. Les mers déborderont, le soleil s'obscurcira,
les étoiles tomberont sur la terre et le ciel disparaîtra.
Dieu sera au centre de ce jour et seul Mahomet pourra
prendre la parole en faveur des pécheurs. Les pécheurs
méritant un châtiment devront manger le fruit d'un arbre
qui est « comme du métal fondu et bout comme de l'eau
ardente dans le ventre [12] (*voir* p. 94) ».

Cette image montre l'ascension de Mahomet dans le ciel. Le visage du
prophète n'a pas été peint par l'artiste, car l'islam interdit de représenter
les traits de Mahomet.

Accès au paradis

Contrairement aux pécheurs, tous les autres hommes auront ce jour-là « des visages resplendissants qui regarderont leur Seigneur ».

En effet, ils iront au paradis dont la description est très « terrestre ». Le mot arabe qui désigne le paradis dans le Coran est *janna*. Le paradis signifie donc la vie dans un jardin traversé par des ruisseaux, dans lequel les arbres offrent leur ombre et où les habitants se prélassent, dans une lumière douce, sur des divans incrustés de pierres précieuses et dégustent des mets délicieux.

Les *houris*, de jeunes vierges qui comblent les désirs des hommes, sont mentionnées plusieurs fois dans le Coran et ont exalté de nombreux auteurs chrétiens qui en ont fourni des représentations passionnées.

Comment les hommes se représentent-ils le paradis ? Comme un paysage magnifique dans un environnement pacifique ? On n'y connaît ni guerre ni querelle, ni maladie ni infirmité. La hâte et la précipitation sont absentes.

Un représentation en apparence contradictoire

Des études posent pour principe que ces représentations de l'au-delà ont pu être inspirées par l'art. Il est possible que Mahomet ait vu des miniatures chrétiennes ou des mosaïques représentant le jardin d'Éden et ait cru que les anges étaient en fait des jeunes gens. Cette explication semblerait plus en conformité avec les préceptes de l'islam. En effet, les codes d'habillement, pour ne citer qu'eux, répondaient déjà à des règles très strictes. La modestie et la chasteté sont considérées comme des principes souverains, et les hommes autant que les femmes doivent faire preuve de pudeur. Il serait donc étonnant que le paradis soit opposé à ces principes, ce qui ôterait en effet toute justification à l'exigence d'un comportement vertueux.

Le Coran est le livre sacré des musulmans. Il fut révélé à Mahomet par un ange au cours d'une longue période. Mahomet transmit ce qu'il avait entendu et le Coran fut peu à peu retranscrit.

Une balance gigantesque et le pont du Sirat, fin comme un cheveu

Ceux qui n'ont pas péché n'auront rien à craindre le jour du Jugement divin. Tous les autres seront pesés sur une gigantesque balance : un des deux plateaux reçoit tous les péchés et l'autre un morceau de papier extrêmement fin sur lequel est gravé le credo musulman. L'épreuve la plus difficile reste néanmoins le passage du pont Sirat qui est plus fin qu'un cheveu et plus tranchant qu'un sabre. Celui qui arrête prématurément sa progression à cet endroit tombe dans les feux de l'enfer où les esprits des lieux lui infligeront des souffrances éternelles. Celles-ci sont bien pires que ce que les hommes ont connu ici-bas.

À l'encontre de cette représentation peu agréable de l'au-delà, des poètes et mystiques, comme Mohammad Iqbal, disaient la chose suivante : « La vie éternelle est la vie réelle, c'est-à-dire des expériences toujours nouvelles, de plus en plus spirituelles, dans les profondeurs insondables du divin [13] (*voir* p. 94). »

La tentation du martyre

Lors d'un entretien sur une chaîne de télévision américaine, le militant du Hamas Mohammed Abu Wardeh explique comment il a recruté des terroristes pour des attentats suicides : il leur a dit comment Dieu dédommage les martyrs qui sacrifient leur vie pour leur pays. Dieu leur accorde à chacun soixante-dix vierges au paradis, soixante-dix épouses et le bonheur éternel.

Le porte-parole du Hamas a utilisé sciemment le mot « martyrs » (*shahid*), car le suicide est interdit par le Coran. Allah punit tout ceux qui attentent à leur vie. Cependant, le martyr est acclamé, salué et encouragé. Mais à quoi ressembleront les récompenses dans le paradis islamique ? Le Coran et la tradition écrite le décrivent avec une multitude de détails voluptueux. Dans les versets 12-39 de la sourate lvi, il est dit : « Ils habiteront le jardin des délices, se reposant sur des sièges ornés d'or et de pierreries, ils seront servis par des enfants doués d'une jeunesse éternelle, qui leur présenteront des gobelets, des aiguières et des coupes, remplis de vin exquis… Près d'eux seront les *houris* aux beaux yeux noirs, pareilles aux perles dans leur nacre. »

La « roue des renaissances » ou Samsara tourne inlassablement tant que les hommes renaissent.

HINDOUISME ET BOUDDHISME

À propos du statut de « preta » de l'âme

Lorsque des nomades indo-germaniques envahirent la vallée de l'Indus au milieu du deuxième millénaire avant notre ère, ils introduisirent la religion védique, base de l'hindouisme. Le plus ancien texte du védisme, le Rig-Véda, recueil d'hymnes, ne donne que peu d'informations sur les représentations de l'au-delà à l'époque. Ce que nous savons est évoqué rapidement : après l'incinération du corps, l'âme entre dans un état transitoire, appelé *preta*. Elle séjourne alors sur terre sous la forme d'un esprit et attend de pouvoir pénétrer dans le monde des ancêtres. Pour entrer dans le royaume des morts, il faut traverser des torrents dangereux et croiser le chien de Yama, dieu de la mort. Le royaume des ancêtres offre aux nouveaux arrivants la vie éternelle, la reconstruction du corps, des repas savoureux et des divertissements musicaux dans une assemblée conviviale.

Description tirée du Rig-Véda

Il est écrit dans le Rig-Véda : « Dans ces lieux où siègent la lumière éternelle, la félicité suprême, dans ces lieux d'immortelle durée, place-moi Ô Dieu ! Dans ces lieux où est le palais du dieu lumineux, où coulent les grandes eaux, donne-moi l'immortalité. Dans ces lieux où les désirs sont satisfaits, où repose la base de tout, où se trouve le plaisir, donne-moi l'immortalité [14] (*voir* p. 94) ! »

Le Rig-Véda, rédigé vers 1200 av. J.-C., est composé de dix livres. Les 1 028 hymnes qu'il comporte concernent les différents dieux, comme Indra, dieu protecteur des guerriers. Le Rig-Véda affirme que les joies de l'au-delà ne sont réservées qu'à ceux qui ont mené une vie vertueuse. Les pécheurs seront jetés dans un enfer, caractérisé par une obscurité totale ; il n'est cependant fait aucune mention d'un éventuel châtiment dans ce lieu.

Renaissance/réincarnation

Ce n'est que plus tard et très progressivement que l'idéologie de la réincarnation s'est imposée et a ancré la nature de la vie dans le cycle éternel du karma-samsara (les bonnes et les mauvaises actions ont une influence sur la vie suivante) : l'existence réincarnée est marquée par les connaissances et les actes de la vie passée. La possibilité de sortir de ce cycle ne s'offre qu'à quelques rares personnes. Elle est décrite dans la Bhagavad-Gîtâ, l'un des écrits majeurs de l'hindouisme, comme la fusion avec Vishnou, qui forme avec Brahma et Shiva la trinité suprême de l'hindouisme. Ceux qui n'ont pas été libérés demeurent, en attendant de retourner sur terre, dans une région qui correspond à leur vie antérieure. Les méchants se retrouvent dans les affres de l'enfer :

Vishnou, Brahma et Shiva forment la trinité divine de l'hindouisme. Vishnou est considéré comme le protecteur du monde et intervient sur terre par le biais des incarnations. Son avatar le plus connu est le dieu Krishna.

« Le défunt est traîné dans son nouveau corps sur une large et difficile route, enchaîné avec une corde autour du cou, sous les coups, les tortures et les insultes, dans le royaume des morts. Sur du sable incandescent, les vents venant de forêts en feu le dessèchent, la faim et la soif l'assaillent[15] (voir p. 94). »

Des champs plus agréables pour les bons

En contraste avec le sort réservé aux méchants, décrit dans des termes terrifiants partout dans le monde, le destin des bons semble plus réjouissant : « Au sud de la montagne Nila et sur le flanc nord de la montagne Meru se trouvent les champs bienheureux des Uttarakuru, peuplés par les êtres accomplis. On y trouve des arbres aux fruits sucrés qui portent sans cesse des fruits et des fleurs ; le sol est composé de pierres précieuses et de sable fin et doré. Les hommes sont libérés de la maladie, de la douleur et sont toujours de bonne humeur[15]. » Cependant, quelle que soit la situation des morts dans l'au-delà, positive ou négative, elle n'est que provisoire. Comme la roue de la vie tourne de la même manière pour les dieux et pour les hommes, la renaissance survient après peu de temps.

Indra est le dieu principal dans les écrits védiques, il est le dieu de la guerre et le maître du tonnerre et de la tempête. En tant que défenseur du bien, il lutte contre les pouvoirs maléfiques.

Le moment de la mort

La situation à laquelle les hommes sont confrontés au moment de leur mort est évoquée dans la Bhagavad-Gîtâ par un conseil adressé aux vivants : « Celui qui, à l'heure de sa fin, rejette sa guenille mortelle en pensant uniquement à moi [Vishnou] rejoint mon être ; là-dessus aucun doute. Pense donc à moi en tout temps et combats ; l'esprit et la pensée fixés sur moi, c'est à cette condition qu'il passe, ô fils de Kuntî ; toujours c'est dans cette condition qu'il revit. Celui-là va au divin Esprit Suprême[15] (*voir* p. 94). »

Petit et grand véhicule

Dans un premier temps, la possibilité d'être libéré était réservée à un très petit nombre de personnes. Elle est appelée petit véhicule – *hînayâna* – dans le bouddhisme originel.

On parle de grand véhicule – *mahâyâna* – dans le bouddhisme mahâyâna, qui apparut par la suite, seulement à la période de la naissance du Christ. En effet, la possibilité d'une libération fut dès lors offerte à un plus grand nombre.

Le Bouddha, l'« Illuminé » (vers 560 av. J.-C.-480 av. J.-C.) était né prince Siddharta Gautama, dans la maison du roi Suddhodana à Lumbini, à la frontière entre l'Inde et le Népal.

Cette déclaration est intéressante car elle fait de la contemplation ou méditation, grâce à laquelle on écarte toutes les pensées inutiles, une ancre pour s'unir à la divinité.

Mais c'est loin d'être tout. Selon l'enseignement originel du Bouddha, l'affranchissement du cercle des renaissances peut se produire par une libération personnelle et l'entrée dans le nirvana, voie qui n'est ouverte qu'à un petit nombre de personnes.

Ce concept est lié à une représentation très largement abstraite de ce qui attend celui qui s'est qualifié pour cela et qui, de ce fait, porte le nom de Bouddha : « Après avoir été libéré des désirs des sens et de l'engagement dans les mauvaises actions, après avoir ressenti la sérénité intérieure et après avoir connu la vraie joie, le moine atteint le quatrième stade de la méditation : il transcende la souffrance aussi bien que la joie et il reste dans cet état [15]. »

L'état final ne doit en aucun cas être comparé à une annihilation du Soi ; de telles interprétations ont été très tôt rejetées.

La terre de la béatitude parfaite aux 3 600 000 rayons lumineux

Dans le grand véhicule du bouddhisme mâhayâna, la voie du salut s'ouvre à tous les croyants. Chacun doit ensuite aider les autres êtres vivants sur la voie de l'éveil.

Sukhavati, la terre de la béatitude parfaite qui s'ouvre aux hommes, est dépeinte avec force couleurs : « Ô Ananda, le monde est fertile, riche, beau pour que nous y vivions. De plus, ô Ananda, il n'y a dans ce monde ni enfer, ni terrible nature ; sur les arbres d'or, les fleurs, les feuilles, les petites branches, les rameaux, les racines sont en or et les fruits en argent… les petits rameaux sont en cristal, les feuilles en corail, les fleurs sont des perles rouges et les fruits des diamants. De chaque lotus en pierres précieuses émanent trois millions six cent mille rayons lumineux [16] (*voir* p. 94). »

Le troisième « véhicule » pour se soustraire au cycle des renaissances et à la souffrance qu'il engendre est appelé « tantrayana ».

Le recueil le plus connu de textes tantriques est le *Bardo Thôdol*, plus connu sous le nom de livre des morts tibétain.

L'existence historique de Bouddha n'est pas mise en question car certaines données concernant sa vie ont pu être confirmées. Sa mère serait morte sept jours après sa naissance.

Le Dalaï-lama est le chef spirituel des bouddhistes tibétains. Il a dû quitter son pays lorsque la Chine communiste a occupé le Tibet dans les années 1950 et s'est opposée à la religion nationale.

On désigne un nouveau dalaï-lama en montrant à un nourrisson ou à un petit enfant des objets qui appartiennent à son prédécesseur. Ceux-ci sont mélangés à d'autres mais l'enfant se souvient et attrape les bons.

La roue de la renaissance et la peur de mourir

Dans la conception bouddhique, il existe, parallèlement à la roue de la vie, une roue de la renaissance. Rompre le cycle de la vie et de la mort est l'un des objectifs de la religion comme l'illustre le Livre des morts tibétain. D'où provient la connaissance sur l'état d'après-mort ?

Les Tibétains pensent que des personnes ont réussi à se rappeler ce qui s'est produit après leur mort, ce qui a servi de base pour la rédaction du livre. Le thème central du *Bardo Thôdol* est donc l'angoisse que les hommes ressentent face à la mort et leur incapacité à reconnaître les projections de leur subconscient, qui s'activent après la mort. Le Livre des morts tibétain accompagne les défunts sous forme d'enseignements transmis au moment de leur mort sur l'état transitoire précédant la renaissance. Ce laps de temps s'étend sur quarante-neuf jours pendant lesquels un lama, c'est-à-dire un professeur, ou un ami proche, lit le texte suivant à haute voix au chevet du mourant : « Ô fils noble, le temps est maintenant venu pour toi de chercher le chemin. Dès l'arrêt de ta respiration, tu vas voir apparaître ce que l'on appelle la luminosité fondamentale du premier *bardo*. Ton gourou te l'a déjà présentée. Voici la *dharmata*, ouverte et vide comme l'espace, vacuité lumineuse, esprit dénudé, pur, sans centre ni circonférence. Reconnais-la et reste dans cet état, pendant que moi aussi je te la présenterai[17] (*voir* p. 94). »

Les savoirs secrets du Livre des morts tibétain

Tandis que le Livre des morts égyptien parle du jugement divin des âmes qui sont pesées et souvent jugées trop lourdes en raison de leurs péchés, le Livre des morts tibétain (le *Bardo Thôdol*) décrit en détail les expériences que l'âme traverse au moment de la mort, après la mort et lors de la renaissance.

Dans le Livre des morts tibétain, les âmes se retrouvent totalement dépourvues face aux dangers et aux événements qui ont lieu dans le royaume des morts et sont victimes de leurs propres illusions. Le Livre des morts des Tibétains est un merveilleux guide pour déjouer les fantômes de l'au-delà et leur influence sur l'esprit humain.

La fatalité pour les morts

La plupart du temps cependant, le défunt ne connaît pas ce sort. S'il se tournait immédiatement vers cette « luminosité fondamentale », il serait libéré.

Il aurait alors déchiré le voile de *Maya*, c'est-à-dire l'illusion que nous considérons être le monde réel, et irait directement dans le nirvana, car toutes les visions auraient disparu telles les ombres de sa conscience imparfaite.

Pourtant, la règle veut qu'il se laisse fortement impressionner par l'apparition de créatures effrayantes et que ses propres peurs ainsi que ses tourments l'éloignent de la « luminosité fondamentale » et le conduisent à l'inverse dans l'obscurité. Et c'est précisément cet acte qui lui est fatal.

Le Livre des morts tibétain accompagne les défunts sous forme
d'enseignements transmis au moment de leur mort sur l'état transitoire
précédant la renaissance. C'est un lama qui lit le Livre au chevet
du mourant.

La récompense pour les bonnes actions

Si le défunt a accompli de nombreuses bonnes actions
durant sa vie, il est dans une certaine mesure protégé.
Ses mauvaises actions, en revanche, le précipitent dans
l'enfer de l'incertitude. C'est précisément la situation
que le lama, à son chevet, essaie d'épargner au mourant.
Le mort ne peut pas appeler sa famille. Il constate irrité
qu'il possède un deuxième corps, subtil, qu'il est le seul
à pouvoir voir et qui l'éloigne du monde tel qu'il le
connaissait. Le désespoir l'assaille et le lama essaie
de le calmer : « Tu possèdes ce que l'on appelle un corps
mental fait de tendances inconscientes. Quoi qu'il puisse
advenir comme bruits, couleurs, rayons de lumière,
ils ne peuvent te faire de mal. Tu ne peux mourir. Il suffit
simplement que tu reconnaisses en eux tes projections.
Sache y reconnaître l'état du *bardo*[17] (voir p. 94). »

Mais le défunt est de plus en plus désespéré. Des divinités
pacifiques et belliqueuses lui apparaissent. Plusieurs
l'attrapent pour le tourmenter, il essaie de s'échapper
mais n'y parvient pas. Il ment lorsque le dieu de la mort
lui demande s'il a été une bonne ou une mauvaise personne
et « les Seigneurs de la Mort lui arrachent la tête et le
cœur, retirent ses organes internes, lèchent son cerveau
et boivent son sang[17]. »

Karma neutre et « loka »

Il existe des personnes qui ont un karma neutre, dans
lequel les bonnes et les mauvaises actions s'équilibrent,
et qui, en conséquence, connaissent un statut sans
couleur dans le *bardo*. Tous les morts sont cependant
égaux : à la fin du *bardo*, le corps spirituel prend
la couleur du *loka*, c'est-à-dire du corps dans lequel
il va se réincarner. Il n'est pas du pouvoir de l'âme
de choisir de retourner sur terre dans un corps animal
ou humain. C'est son karma qui en décide. Sortir
de la roue des réincarnations dans un corps animal est
néanmoins douloureux, comme on peut l'imaginer.

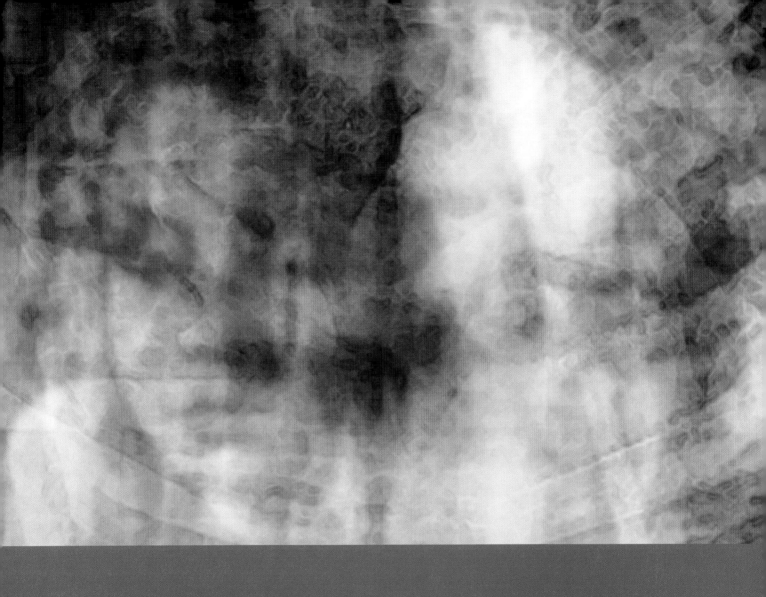

Représentation médiumnique
de l'au-delà

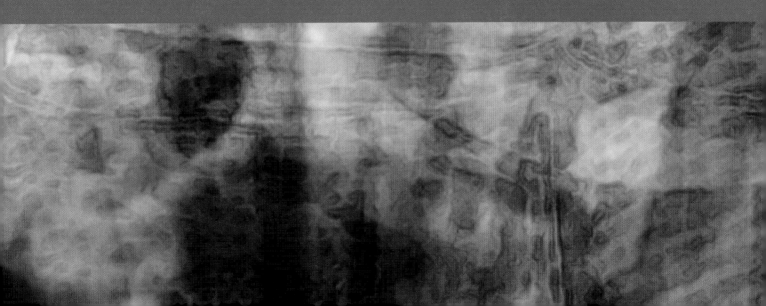

EMANUEL SWEDENBORG

La vie et l'œuvre d'un scientifique

Emanuel Swedenborg (1688-1772) commença sa carrière comme scientifique et étudia différents domaines. On lui doit un certain nombre de découvertes majeures qui servirent toutes à la recherche sur le magnétisme et l'atome. Dans son activité de médecin, il effectua de nombreux travaux qui contribuèrent au développement de la neurologie moderne, dont, en particulier, des représentations schématiques des cellules cérébrales. Parallèlement, il imaginait des sous-marins et des planeurs. Il avoua plus tard, dans une lettre adressée à un ami, qu'il considérait ses trente-cinq ans d'exercice en tant que scientifique comme une préparation offerte par Dieu pour recevoir les secrets de la vie après la mort.

Une étrange vision

À l'âge de cinquante-sept ans, Swedenborg vécut une expérience surprenante. En 1745, alors qu'il poursuivait son activité scientifique, l'éminent académicien commença

Emanuel Swedenborg travailla tout d'abord en tant que scientifique dans divers domaines avant de se consacrer à la recherche sur l'au-delà. Encouragé par une vision qu'il avait eue, il prétendait être en contact avec les morts.

soudain à s'intéresser à l'occultisme, à la grande surprise de ses contemporains. Ce radical revirement d'intérêt était dû à une expérience qu'il avait vécue à Londres. En plein cœur de la capitale britannique, Swedenborg avait vu les cieux s'ouvrir en grand, comme il l'écrira plus tard. À partir de ce jour, Dieu lui donna libre accès à l'autre monde et à ses habitants. Swedenborg posséda dès lors le don de clairvoyance et put converser avec les esprits et les anges.

Un ouvrage sur Swedenborg par un célèbre philosophe

« Il existe à Stockholm un certain Monsieur Swedenborg. Sa seule occupation consiste à être, comme il le dit lui-même, en rapports assidus depuis plus de vingt ans avec des esprits et des âmes défuntes, à recevoir d'eux des nouvelles de l'autre monde et, en échange, à leur en apprendre de celui-ci [18] (*voir* p. 94). »

L'auteur de ces phrases est loin d'être un inconnu puisqu'il s'agit du philosophe Emmanuel Kant (1724-1804), l'un des plus grands penseurs allemands. Kant vécut à la même époque que le visionnaire suédois, à propos duquel il publia même un livre : *Rêves d'un visionnaire* en 1766.

Le commencement de l'occultisme moderne

L'histoire de l'occultisme moderne débuta avec Emanuel Swedenborg. Aucun autre visionnaire avant lui ne s'était exprimé par écrit sur ses « visites » dans l'au-delà. Ses contemporains avaient d'ailleurs de quoi être ébranlés par ce qu'il leur rapporta : « Les âmes de nos pères ne vont en aucun cas mieux que les nôtres. Leurs occupations sont souvent plus indignes que les nôtres… nous n'avons pas à les vénérer parce qu'ils sont morts. Ils sont confrontés aux mêmes problèmes et doivent les résoudre. Au-delà de la tombe, il n'y a pas de repos[19] (*voir* p. 94)… » Pour Swedenborg, personne n'acquiert plus de sagesse parce qu'il est mort.

Swedenborg évoquait également l'existence d'un purgatoire, semblable à celui des chrétiens, dans lequel les défunts pouvaient se purifier. Il considérait en revanche que la réincarnation (renaissance) était une ineptie totale et appuyait ses déclarations par diverses conversations qu'il avait eues avec des esprits. Selon sa thèse, chaque homme est chez lui non seulement dans le monde visible, mais également et simultanément dans le monde invisible. Il crée inconsciemment à partir de ce monde dont il tire ses idées et sa créativité. Cependant, des démons peuvent également s'exprimer en lui s'il le permet, mais il peut modifier les humeurs et les penchants de ces forces démoniaques. D'après Swedenborg, l'âme des hommes agit dans l'enfer comme au paradis. Même la mort ne change rien d'essentiel à cet état de fait.

L'incendie de Stockholm vu par Swedenborg

La vision que Swedenborg eut de l'incendie de Stockholm, sa ville de résidence, en 1759 fit sensation. Il se trouvait en effet à cinq cents kilomètres de la capitale suédoise lorsqu'il la « vit » assaillie par les flammes. Swedenborg parvint à décrire à son entourage ce qui se passait au même moment à une très grande distance d'eux.

Il prédit que sa propre maison serait menacée mais qu'elle ne serait pas touchée et annonça très précisément à quel moment le feu serait complètement circonscrit.

Cette vision mit le scientifique dans un état effroyable, comme s'il était possédé, et le déstabilisa fortement. Cependant, Swedenborg ne fut en aucun cas pris pour un fou par son entourage.

Lorsque les cieux s'ouvrent à un être vivant, il sait alors tout sur la vie et la mort. C'est ce qu'ont affirmé des médiums comme Emanuel Swedenborg. Il n'existe cependant pas de preuves concrètes de cela, tout n'est que spéculation.

Friederike Hauffe est considérée par de nombreux chercheurs qui étudient les phénomènes surnaturels comme l'un des précurseurs du spiritisme moderne. Madame Hauffe était un médium hors du commun.

FRIEDERIKE HAUFFE

Recherche sur les phénomènes surnaturels

« Un enfant ayant gonflé une bulle de savon, elle s'écria : Ah ! Mon Dieu ! J'ai vu dans la bulle de savon tout ce à quoi j'ai pensé, quelque lointain que ce soit, et non dans un court moment, mais dans toute ma vie et cela m'effraie [20] (*voir* p. 94) ! »

De nombreux chercheurs qui étudient les phénomènes surnaturels considèrent Friederike Hauffe comme l'un des premiers médiums spirites auxquels sont liés des phénomènes comme le déplacement d'objets sans intervention extérieure apparente. Lorsque quelqu'un

comme Madame Hauffe a des visions en observant la surface miroitante de bulles de savon, cela est comparable à la voyante qui étudie les boules de cristal. Les bulles de savon et les boules de cristal présentent une surface réfléchissante qui aide la personne à se concentrer, à déconnecter son Moi, afin qu'elle soit libre de percevoir ce qui se passe dans d'autres sphères. Justinus Kerner, qui a observé attentivement Friederike Hauffe pendant de nombreuses années, a écrit un livre sur elle et sur son don exceptionnellement développé.

Dépressions pendant ses jeunes années

La voyante naquit en 1801 à Prevorst près de Heilbronn dans le Wurtemberg en Allemagne et, dès son plus jeune âge, elle put voir les esprits des morts. Cependant, la fillette resta équilibrée et sereine, comme Kerner le constata. À l'âge de dix-neuf ans, elle s'installa à Oberstenfeld,

Les hommes ont toujours eu des visions. Les prophètes de l'Ancien Testament virent Dieu dans toute sa gloire. Friederike Hauffe déclara qu'elle connaissait le langage des êtres divins.

Quelle valeur ont les déclarations des médiums ? Sont-elles des bulles de savons qui explosent quand on les contemple de près ? Friederike Hauffe voyait des choses éloignées dans les bulles de savon, des visions comparables à celles que les voyantes observent dans leur boule de cristal. Simple imagination ou vérité ?

Une langue qui nous est inconnue

Beaucoup d'éléments concernant Friederike Hauffe restent énigmatiques. Elle parlait une langue aux consonances orientales et appelait par exemple un esprit *Emelachan*. Le mot *Elschaddei* désignait Dieu, *Schmado* la lune, *Alentana* la femme ; la signification de *Dalmachan* ne fut pas élucidée. *Nochiane* semblait désigner le rossignol. Elle prononçait ces mots en état de transe ; on pouvait alors lui demander la signification de ce qu'elle disait. Quand elle reprenait conscience, elle ne savait plus rien de tout cela.

un village voisin. Lorsque ses parents voulurent la marier, elle fut prise de mélancolie pendant une longue période et ne parla pratiquement plus. Cette dépression ne se dissipa qu'en 1822, lorsqu'elle s'évanouit lors de l'enterrement d'une personne qu'elle connaissait.

Un état d'apesanteur douloureux

Elle resta alitée dix-huit semaines et, quand elle put enfin se lever, son mariage fut effectivement célébré. Peu après, elle tomba enceinte et ses souffrances recommencèrent. Elle resta dans un état fiévreux, accompagné de crampes à la poitrine et de pertes de sang pendant vingt-deux semaines.

Elle accoucha mais l'enfant mourut quelques semaines plus tard. Pendant cette période, Friederike ne voyait qu'une boule de feu traversant son corps, ne parla qu'en vers et vit sa propre image se lever de son lit. Ses dents tombèrent, les poussées de fièvre et les épisodes de diarrhées, auxquels s'ajouta une menstruation ininterrompue, se succédèrent.

Kerner écrivit : « Qu'on se figure l'instant de la mort devenu un état permanent, presque normal ; un être suspendu par une fixation mystérieuse entre la mort et la vie [20] (*voir* p. 94). » Puis des événements inhabituels se produisirent. Des objets se déplaçaient près d'elle, des cuillers s'élevaient lentement dans les airs, elle vit sa grand-mère décédée et d'autres morts, et se plaignit souvent de l'entêtement des défunts qu'elle voulait aider avec des prières et des explications. Si quelqu'un pressait ses doigts contre ceux de Friederike, elle se soulevait alors de son lit, comme en apesanteur.

Elle pouvait prédire la mort des gens, décrivait les défunts dans l'au-delà et développa une théorie surprenante sur l'âme, l'esprit et les nombres. D'après Friederike Hauffe, on pouvait faire défiler toute une vie dans un seul chiffre après la mort. Elle n'expliqua cependant pas comment elle parvint à cette conclusion. Le Dr Kerner supposa qu'il s'agissait d'un message de « là-bas ».

L'état de Friederike alla en s'aggravant. Il fut établi que ses jours étaient comptés. Au cours des dernières années de sa vie, les apparitions d'esprits furent de plus en plus fréquentes. Justinus Kerner rédigea sa biographie.

Une vie courte et marquée par la maladie

Friederike alla de plus en plus mal. Il fut établi que ses jours étaient comptés. Au cours des dernières années de sa vie, les apparitions d'esprits furent de plus en plus fréquentes.

Selon elle, les animaux vivaient dans une sphère illusoire, derrière laquelle se situait immédiatement l'au-delà, qu'elle appelait également le royaume du milieu. Personne après elle ne parla plus jamais en ces termes de l'au-delà. Le 7 août 1829, d'après les témoins, son âme se sépara de son corps dans un grand cri d'allégresse. Justinus Kerner commença à collecter le peu d'éléments qu'elle avait transmis sur le monde spirituel et écrivit un livre.

Le chiffre exact exprime l'être tout entier

Friederike Hauffe prétendait que chacun possédait un chiffre-racine exprimant tout son être. Selon elle, l'univers entier correspondait à un système de chiffres. Ses réflexions avaient un ton très ésotérique alors que la jeune femme n'avait reçu absolument aucun enseignement sur le sujet.

Chaque chose dans l'univers correspondrait à un nombre précis comportant des décimales. Elle nous apprend l'importance du chiffre-racine, qui nous est inconnu : « Celui qui ne dérange en rien ce chiffre, vivra très vieux[20] (*voir* p. 94). » De plus, chaque homme est inconsciemment évalué jour après jour, en fonction de nombres. En revanche, elle ne dit pas ce qui évalue les êtres humains. Les chiffres croissent ou décroissent par rapport au chiffre-racine propre à chacun. Les bonnes et les mauvaises actions engendrent ces variations qui peuvent être liées à des influences extérieures. La personne doit mourir lorsque son chiffre-racine personnel a été dépassé pendant trop longtemps par les mauvaises actions et les influences extérieures.

La situation idéale serait atteinte lorsque les bonnes et les mauvaises actions, exprimées en chiffres, se situeraient toujours en dessous du chiffre-racine personnel. Après la mort, la vie de chacun lui apparaît alors clairement en raison de la différence entre le chiffre obtenu et le chiffre-racine, et l'esprit de la personne devient son propre juge.

EUGENIE VON DER LEYEN

La princesse et les âmes en peine

D'après l'Église catholique, les « âmes en peine » sont tous les défunts qui, après leur mort, demeurent un certain temps au purgatoire, où ils pourront s'absoudre de leurs péchés. Il s'agit en fait plus d'un état que d'un lieu géographique précis. Lorsque le statut de l'âme s'améliore à tel point qu'elle finit par être libérée, elle va au ciel. Selon la doctrine catholique, elle « réside » alors près de Dieu. Ce processus de purification des âmes en peine n'est normalement pas visible pour les vivants.

La princesse Eugenie von der Leyen (1867-1929) qui, d'après ce que nous savons d'elle, était en pleine possession de ses capacités mentales, rédigea un journal d'un genre particulier entre 1921 et 1929, sur les conseils de son confesseur, Sebastian Wieser.

Elle y décrivit ses contacts presque journaliers avec des âmes en peine qui, dans le feu de la purification, devenues esprits, devaient prendre la forme d'effrayantes créatures. La princesse Eugenie jouait en quelque sorte le rôle de médium.

La princesse von der Leyen prétendit avoir eu un aperçu du monde des âmes en peine au purgatoire. Elle écrivit que les âmes dans la souffrance lui apparaissaient et lui demandaient douloureusement de l'aide.

Cela pourrait aussi être le diable

L'apparence souvent terrifiante des âmes qui apparaissaient à la princesse exprimait la gravité de leurs péchés. Eugenie consigna dans son journal : « Vingt-quatre avril. Depuis trois jours, un animal fort peu plaisant vient me voir chaque nuit, c'est une créature toute noire à mi-chemin entre un petit buffle et un bélier. Il saute sur mon lit, je suis très effrayée, il a un visage humain, mais tout noir, affreux, cela pourrait aussi être le diable. L'eau bénite m'a aidée à le faire rapidement partir[21] (*voir p. 94*). » Une religieuse lui apparut également sous la forme d'un serpent et lui rendit la vie impossible. Quand elle reprit forme humaine, elles eurent des conversations intéressantes. Les âmes à forme animale, comme elle l'écrivit, exigeaient impérativement une aide de la princesse.

Qu'est-ce qu'un médium ?

Le mot médium, qui signifie « intermédiaire » en latin, désigne une personne qui possède des capacités de perception extrasensorielle et peut entrer en contact avec l'au-delà. Ces phénomènes se produisent depuis des siècles au cours de séances dites de spiritisme, pendant lesquelles le médium entre en transe et se comporte comme un « récipient » vide mis à la disposition des esprits et des messages extrasensoriels qui le « remplissent ».

Le spiritisme moderne débuta en 1847 à Hydesville aux États-Unis avec l'apparition d'un fantôme. Un certain monsieur Post mit alors en place un alphabet par coups frappés pour se faire comprendre d'un défunt qui s'était manifesté par des bruits. Monsieur Post découvrit que l'homme avait été assassiné et où son corps avait été enfoui.

Ces âmes réclamaient son total dévouement pour pouvoir au moins reprendre visage humain. Eugenie von der Leyen se comportait en bonne chrétienne et se montrait toujours prête à apporter son aide. Mais les morts étranglèrent, battirent, insultèrent et effrayèrent tellement souvent la pauvre femme qu'elle pensa ne plus pouvoir supporter cette situation encore longtemps.

Un mort particulièrement désagréable

L'un des morts qui lui apparut et qu'elle surnomma le « singe » l'observa toutes les nuits avec des yeux brillants jusqu'à ce que cet « impur » retrouve la parole grâce aux supplications ferventes d'Eugenie. Lorsqu'elle lui demanda pourquoi il l'avait battue alors qu'elle était disposée à l'aider,

le mort répondit qu'il voulait la tourmenter parce que tout était mauvais en lui. Eugenie déclara qu'elle n'avait encore jamais rien vu d'aussi épouvantable. Son corps était était l'antre de milliers de vers vivants. La princesse pria et jeûna pour le salut des âmes en peine. Pour les catholiques, cette femme est l'exemple même qui prouve qu'il est possible d'aider les âmes en peine du purgatoire par la prière et le sacrifice, c'est là un acte de charité spirituelle.

Une femme altruiste et bienveillante

Eugenie von der Leyen avait une stature plutôt imposante et possédait un visage rose et charnu. Elle était coiffée d'une façon particulièrement reconnaissable : elle portait

La princesse évoqua dans son journal un esprit qu'elle appelait le « singe ». Celui-ci l'observait toutes les nuits avec des yeux brillants. Il ne fut purifié et ne retrouva la parole qu'après de longues supplications ferventes d'Eugenie.

ses longs cheveux bruns ramenés comme une couronne autour de sa tête. Tous ceux qui côtoyèrent la princesse la décrivirent comme une personne dévouée, toujours gentille et altruiste. Personne ne pensait qu'elle fût folle, ce qu'elle n'était d'ailleurs probablement pas. Ses expériences sont purement subjectives et dépassent notre capacité de jugement.

Eugenie vécut également d'autres expériences étranges. Elle vit ainsi dans son église un pasteur décédé, qu'elle avait bien connu de son vivant, au moment où le sacristain traversa son corps. Elle décrivit qu'ils avaient l'air tous deux comme quadrillés. Elle retranscrivit également mot pour mot, de mémoire, ses nombreuses conversations avec les morts.

Eugenie von der Leyen leur posait de nombreuses questions, reflets de son éducation religieuse. De la façon dont elle raconte ses diverses rencontres dans son journal, ce qu'elle a vécu semble, pour le lecteur, parfaitement crédible et concevable.

Les chiffres déterminent notre vie. Nous connaissons notre date de naissance mais mais peu d'entre nous voudraient savoir celle de leur mort. Eugenie apprit que ce serait « trois fois neuf » mais elle n'en fut pas plus avancée.

Le visage du diable est effrayant car il incarne le mal. Satan est un ange déchu. Son autre nom, Lucifer, signifie « porteur de lumière », tandis que Belzébuth veut dire « seigneur des mouches ».

Une prophétie venant de l'au-delà
Pour prouver la véracité des déclarations d'Eugenie von der Leyen, on peut citer l'histoire suivante. Le jour de la Fête des morts, elle demanda à l'un de ses amis décédés, un père dominicain, la date de sa propre mort. Il lui aurait répondu : « Trois fois neuf » mais elle ne comprit pas ce qu'il voulait dire. Il lui rétorqua alors que c'était ainsi que cela devait être. La princesse Eugenie von der Leyen mourut le 9 janvier 1929 dans le château d'Unterdiessen au sud de Landsberg, où elle avait passé les quatre dernières années de sa vie. Cette date comprend trois fois le chiffre neuf. Il convient de préciser qu'elle pensait elle-même qu'elle mourrait un 9 août.

Dans la mythologie égyptienne, Seth est l'assassin du dieu Osiris. Pour Jane Roberts, il s'agit d'un esprit plein de sagesse venant de l'au-delà. Il se décrit lui-même comme un noyau de personnalité et d'énergie non incarné.

Jane Roberts était un médium hors du commun qui, en 1963, entra en contact avec un être mystérieux appelé Seth. Au cours de nombreuses séances, Seth lui transmit des enseignements qui ont approfondi sa compréhension de la vie et de la mort.

JANE ROBERTS

« Médium channel » par hasard

Jane Roberts fut de loin le « channel » le plus remarquable du siècle dernier, c'est-à-dire qu'elle était un médium servant de canal pour la communication entre les esprits et les vivants.

Lorsqu'elle mourut à New York en 1984, à l'âge de cinquante-cinq ans, elle laissa un grand nombre de textes et de dessins qui lui avaient tous été dictés par un être de l'au-delà appelé Seth, alors qu'elle était en transe.

Avant qu'elle ne découvre qu'elle possédait ce don particulier, Jane Roberts, diplômée du Skidmore College de Saratoga Springs dans l'État de New York, avait écrit des poésies et des contes. Elle n'avait alors eu absolument aucune expérience inhabituelle de perception extrasensorielle et elle ne s'intéressait pas non plus particulièrement à ce sujet.

En 1963, il lui arriva cependant quelque chose de nouveau. Elle avait une trentaine d'années lorsqu'elle essaya une planche de oui-ja par curiosité avec son mari.

Qui est Seth ?
Que sait-il de si exclusif ?

Pour Jane Robert, Seth était la source d'un savoir secret. Il se décrivait personnellement comme un noyau de personnalité et d'énergie non incarné. Selon Seth, l'âme de l'homme est son véritable Soi, d'une part une énergie spirituelle hautement individualisée, d'autre part un Soi multidimensionnel.

L'âme et la conscience existent indépendamment du corps, du temps et de l'espace ; c'est pourquoi elles peuvent atteindre, par les rêves et des inspections intuitives, une compréhension plus grande du cosmos et d'elles-mêmes. D'une façon générale, l'être humain doit, d'après Seth, réveiller sa perception interne pour pouvoir voir correctement. Les messages de Seth à Jane Roberts concernent la mort, la vie après la mort, la réincarnation, Dieu, Jésus Christ et le cosmos.

De nouveaux concepts intéressants lui furent ainsi transmis. Sa déclaration sur la différence entre l'homme et l'animal est également digne d'intérêt : « Vous n'êtes

Le channeling

Un esprit d'une science incroyable s'est manifesté à Jane Roberts : il s'appelait Seth. Jusqu'à sa mort, cet écrivain reçut les messages de Seth qu'elle publia dans plusieurs livres.

Tous ces ouvrages traitent du concept de « channeling », méthode dans laquelle les êtres contactés sont, contrairement aux morts invoqués dans le spiritisme, des personnifications savantes de consciences globales supérieures.

Les théosophes parleraient dans ce cas d'entités provenant de la dernière sphère, la plus élevée juste avant Dieu.

pas différents des animaux et du reste de la création en vertu de votre possession d'une conscience innée et éternelle. Une telle conscience est présente dans tous les êtres vivants et dans toutes les formes d'existence[22] (*voir* p. 94). »

La planche de oui-ja

La planche de oui-ja représente pour les médiums un outil d'approfondissement de l'écriture automatique. Lors d'une phase d'écriture automatique, toute forme de contrôle de la volonté propre doit être annulée pour permettre aux entités étrangères de faire jouer leur influence et transmettre ainsi des messages.

Sur une planche de oui-ja, les lettres bougent pour former progressivement des mots. D'après les médiums, les lettres ne se déplacent pas selon leur propre volonté, mais toute l'expérience se déroule dans un état semblable à une transe.

Les résultats ainsi obtenus sont diversement interprétés : le spiritisme affirme que ces messages proviennent d'esprits qui dirigeraient les mouvements du médium ; la psychanalyse moderne et la parapsychologie pensent plutôt que c'est l'inconscient qui prend le dessus au cours de ces expériences. La planche de oui-ja est donc un instrument pour recevoir des messages de l'au-delà.

L'âme est infinie

Les manifestations de Seth tendraient à démontrer que l'âme est une entité sans limites. Il est possible de comparer cela à l'expérience ancestrale du chaman qui prend conscience à chaque transe que les limites de son Moi peuvent se fondre dans l'infinité du cosmos. Le monde, l'univers, Dieu, tout ce qui existe n'est pas séparé de nous.

Il existe un très beau texte d'Omar Khayyam (1048-1122) qui décrit précisément cette absence de limite entre le Moi et l'univers : « J'ai envoyé mon âme à travers l'invisible, déchiffrer quelque élément de cet au-delà et mon âme finit par me revenir et rapporta que je suis moi-même le ciel et l'enfer[23] (*voir* p. 94). » Omar Khayyam était un mathématicien, astronome et poète iranien très estimé à son époque.

D'après les messages de Seth à Jane Roberts, Dieu serait dans son cosmos une énergie omniprésente en perpétuelle expansion qui contiendrait tout et exprimerait tout.

Renseignements sur Seth

Seth, l'esprit surnaturel, transmit à Jane Robert des informations détaillées sur l'apparence et la vie dans l'au-delà. Seth semble avoir eu une mission presque messianique, consistant à expliquer aux mortels que le corps n'était que l'enveloppe de quelque chose de plus grand. Il aborde le déroulement de la mort, le « passage », mais aussi le thème de la réincarnation. Pour lui, même le bien et le mal valent la peine de faire l'objet d'un message : « Je voudrais... une fois de plus souligner qu'il n'existe ni diable ni démon exceptés ceux que vous vous créez vous-même par vos croyances[22] (*voir* p. 94). » Cette déclaration est plutôt limpide. Dieu est pour Seth « tout ce qui existe ». Les rêves, les différents états de conscience et le sommeil font partie des choses qu'il désigne comme faisant partie d'un esprit englobant tout. La mission des hommes est d'apprendre que toutes les choses et tous les êtres sont liés dans l'univers.

Les dernières découvertes dans le domaine de l'astrophysique ont démontré que le cosmos n'était ni infini ni éternel. Mais l'âme humaine est-elle immortelle ? La science pourra-t-elle le démontrer un jour ?

JAMES VAN PRAAGH

Un médium extrêmement talentueux

James van Praagh est considéré comme le médium le plus connu des États-Unis. Il vit à Los Angeles et anime depuis plus de vingt ans des conférences et des ateliers pour transmettre ses connaissances sur l'au-delà. Né à New York, d'origine irlandaise et de confession catholique, James van Praagh voulait devenir prêtre. Il comprit cependant que la religion entravait la relation qu'il entretenait avec Dieu. À vingt-quatre ans, James van Praagh prit conscience de son talent de médium et estima que sa mission consistait à fournir des preuves de l'existence d'une vie après la mort. La difficulté pour lui résidait dans le fait que l'homme en tant qu'être vivant s'oriente dans un monde tridimensionnel en utilisant sa langue et sa logique tandis que, pour se faire comprendre dans l'au-delà, il faut maîtriser un nouveau « langage ». De l'autre côté de l'existence, les esprits, c'est-à-dire les défunts, communiquent par télépathie.

Les défunts recherchent le contact

James van Praagh a développé son don médiumnique auprès d'un médium britannique. Il cherche à établir le contact avec les morts en état de transe. Ce sont tout d'abord des pensées qui l'assaillent puis viennent des sentiments et des images. Ainsi, il obtient une vision de ce que veulent lui transmettre les morts. Les familles des défunts sont souvent surprises par les détails très précis qu'il donne sur le corps de la personne décédée, comme des cicatrices ou des taches de naissance, sans avoir pu en être informé au préalable. On lui demande souvent pourquoi les morts se manifestent. La réponse qu'il donne est la suivante : pour dire à ceux qu'ils aiment qu'ils vont bien. Qu'ils ne sont pas morts. Qu'ils aiment encore plus qu'avant ceux qu'ils ont laissés derrière eux.

Réincarnation et vie extra-terrestre

James van Praagh croit en la réincarnation. Il véhicule cependant l'idée selon laquelle la vie au-delà de la mort ne passe pas nécessairement par la réincarnation de l'âme

James van Praagh est considéré aujourd'hui comme le médium américain le plus connu. D'origine irlandaise et de confession catholique, il vit et travaille à Los Angeles où il anime des conférences et des ateliers.

dans un corps humain. Pour James van Praagh, l'être humain possède simultanément plusieurs corps qui se situent sur différents plans. Seuls les « éveillés » peuvent percevoir tous ces corps simultanément.

Notre corps, lié à la tridimensionnalité, se trouve être le plus lourd et le moins mobile de tous les corps que

nous possédons. Il est, selon James van Praagh, « composé de matière dense ». Dans une autre dimension, il est au contraire tellement mobile qu'il peut être à différents endroits au même moment. Pour James van Praagh, l'au-delà est semblable à l'univers quantique de la physique moderne, dans lequel toutes les possibilités sont concevables : un atome passe en même temps par deux « portes » différentes, ce qui a été depuis longtemps prouvé expérimentalement. Des études sur ce sujet ont démontré qu'un atome pouvait se trouver simultanément à deux endroits différents.

Les vies antérieures ont toujours un effet sur le présent

Le médium James van Praagh a découvert que sa peur de l'eau avait une cause bien concrète. Dans l'une

Un extraterrestre d'après l'image des films hollywoodiens. Pour James van Praagh, une âme peut également renaître dans le corps d'un extraterrestre, sur une autre planète.

James van Praagh a commencé à croire à la réincarnation après un « retour en arrière ». Il apprit ainsi qu'il avait été galérien au cours d'une vie antérieure et qu'il était mort dans une tempête.

La vérité sur les esprits et les fantômes

Sylvia Browne, née à Kansas City, dans le Missouri, en 1936, est considérée depuis près de soixante ans comme clairvoyante. Dans son livre *La vie dans l'au-delà, voyage d'un médium*, elle donne une définition intéressante de la différence entre les esprits et les fantômes.

Selon elle, les morts se trouvent confrontés à deux possibilités. Pour parler de façon imagée, après leur mort, ils voient deux portes. S'ils choisissent la porte de gauche, ils retournent immédiatement dans un corps maternel terrestre, puis renaissent. S'ils passent la porte de droite, ils entrent dans l'au-delà, deviennent des âmes qui se soumettent aux lois dictées par Dieu. Les habitants de cet au-delà sont appelés esprits.

Toutefois, il existe d'après Sylvia Browne un troisième groupe dont les membres ne se réincarnent pas mais n'empruntent pas non plus le tunnel empli de la blanche lumière de Dieu qui mène à l'au-delà. Ils errent, pour toujours, dans un lieu intermédiaire et restent liés à la terre.

Pour Sylvia Brown, ces âmes sont des fantômes et, lorsqu'ils apparaissent aux vivants, ils les hantent. Elle écrit : « Lorsque l'on entre en contact de façon inattendue avec la vie après la mort, il peut s'avérer très utile de connaître la différence entre les esprits et les fantômes, c'est-à-dire entre des visiteurs de l'au-delà et des êtres qui viennent nous hanter [24] (*voir* p. 94). »

de ses vies antérieures, il a été galérien et s'est noyé misérablement enchaîné à son banc pendant une tempête. Lors d'un retour en arrière, comme certains thérapeutes le proposent aujourd'hui à leurs patients, il put en prendre conscience et être guéri. Une fois que la raison de la phobie fut découverte et expliquée, son angoisse put être définitivement maîtrisée.

James van Praagh croit également au concept du karma. Le bien et le mal nous reviennent inévitablement. Selon le médium, l'être humain doit prendre conscience que la mort est une illusion et doit mener sa vie en respectant des principes moraux.

L'opinion de van Praagh sur la question de la réincarnation

La question la plus importante concernant la réincarnation est de savoir pourquoi nous ne nous souvenons pas en permanence de nos vies antérieures. Van Praagh y répond en disant qu'il s'agit d'un acte de clémence de la part de Dieu. Les existences antérieures doivent être effacées de la mémoire pour que la nouvelle vie puisse être telle une feuille vierge. Mais les hommes auraient la possibilité, s'ils le souhaitent, de se souvenir instantanément de données passées ainsi que des constituants de leur karma.

Représentation de l'au-delà
à l'époque moderne

D'après les théosophes, l'âme peut partir en voyage pendant que nous dormons. La matière de notre monde est plus dense que celle dont est composé le corps astral. Il peut donc se détacher du corps.

THÉOSOPHIE

Qu'est-ce que la théosophie ?

Si l'on traduit le mot littéralement, théosophie signifie « connaissance de Dieu ». La théosophie se veut avant tout un système scientifique permettant d'étudier les vérités occultes. Les forces spirituelles en sommeil chez l'homme doivent être étudiées et éveillées pour dépasser les limites de l'existence terrestre et pénétrer les sphères de l'au-delà.

Selon les croyances de la théosophie, l'au-delà a un effet permanent sur l'ici-bas, car la matière y possède un degré de vibration plus important. La matière de notre monde est plus « épaisse » et plus « lourde » que, par exemple, la matière dont est composé le corps astral. L'être humain lui-même est chez lui dans les deux mondes et navigue entre les deux zones.

Plus l'homme s'implique en profondeur dans les choses matérielles, plus il oublie sa véritable patrie, le monde lumineux de l'esprit. La cupidité et la passion l'enchaînent à la matière. Ce n'est que dans la mort qu'il reconnaîtra son véritable but, lorsqu'il sera prêt à enlever sa vie comme un vêtement et à s'adonner aux vraies tâches : l'épanouissement de l'être véritable immortel selon le modèle du Christ. Si cela lui arrive pendant sa vie, il n'en tirera que des avantages.

La mort

D'après les théosophes, l'angoisse face à la mort est liée à un matérialisme trop ancré. L'idée selon laquelle les hommes sont des êtres spirituels éternels, dont le corps est simplement délivré par la mort, suffit à faire disparaître toutes les craintes. La différence entre la mort et le sommeil ne réside que dans le fait que, pendant le sommeil, le corps éthérique (l'âme) ne se désolidarise pas complètement du corps physique, mais reste attaché à lui par un mince lien vibrant et argentin, le cordon d'argent. Ce cordon d'argent n'est rompu que par la mort. Avant que cela ne se produise, la vie tout entière défile devant les yeux du mourant en une succession d'images vivantes offrant un panorama remontant jusqu'à la naissance. Lorsque la mort survient, l'homme est surpris de constater que son environnement ne change presque pas. Il voit et entend ceux qui sont encore en vie et continue à prendre part à leur existence. Ses sens et sa mobilité ont augmenté de façon extraordinaire.

Malgré tout, les théosophes prétendent que le décès ne change rien au caractère de l'homme. Après la mort, chaque être reste semblable à ce qu'il a été pendant sa vie : il n'est ni plus intelligent ni plus bête. De plus, l'au-delà se montre à lui tel qu'il l'avait souhaité et imaginé : ainsi un chef d'orchestre retrouve son orchestre et le dirige lors d'une cérémonie à son souvenir, comme il avait l'habitude de le faire quand il était encore en vie. Ses sens voient les tonalités avec une matérialité plus grande. Toutes les mélodies lui apparaissent comme des œuvres d'art aux couleurs gaies.

Madame Helena Pretrovna Blavatski

La Société théosophique est en partie l'œuvre d'Helena Petrovna Blavatski (1831-1891), connue sous le nom de Madame Blavatski ou sous les initiales HPB. C'était un personnage ambigu à la forte personnalité, que certains considèrent aujourd'hui comme un précurseurs du channeling. Le channeling désigne le contact établi par un médium avec des esprits de la plus haute catégorie, c'est-à-dire ceux qui possèdent les connaissances sur la structure spirituelle de l'au-delà.

Héritière d'une famille de la grande noblesse russe, Madame Blavatski avait beaucoup voyagé, ce qui lui avait permis d'étudier les rites vaudous et les savoirs des maîtres tibétains et des anciens Égyptiens. Elle était cultivée et douée en affaires. Elle fonda la Société théosophique en 1875 et publia sa première œuvre majeure *Isis dévoilée*. Elle rencontra vite un vif succès. De nombreux artistes et intellectuels se sentirent interpellés par son message.

Un certain nombre de critiques lui reprochèrent cependant d'escroquer et de manipuler ses adeptes pendant les séances qu'elle organisait, ce qui l'affecta de plus en plus. Elle s'installa à Naples au pied du Vésuve en 1885 et rédigea de nombreuses lettres pour défendre ses opinions. Sa deuxième grande œuvre, *La Doctrine secrète*, dans laquelle elle réécrit l'histoire de l'humanité d'un point de vue théosophique, fut publiée à l'automne 1888. La « doctrine secrète » était censée être l'essence des religions mais comprenait de nombreux éléments à caractère racistes, Madame Blavatski y évoquant l'existence de bonnes et de mauvaises races humaines.

L'enfer

La théosophie se représente l'au-delà comme étant composé de sept sphères : trois d'entre elles appartiennent aux régions inférieures et forment l'enfer. L'avarice, la luxure et la méchanceté conduisent à y entrer et entraînent une apparence en adéquation avec ces strates. L'enfer est une région sombre, sinistre, désertique et glaciale, dans laquelle les créatures diaboliques peuvent laisser s'épanouir leur nature vicieuse. Les trois sphères inférieures sont peuplées de défunts qui ont beaucoup péché pendant leur vie. Cependant, chaque être dispose de la possibilité de progresser, dès qu'il reconnaît qu'il existe au-delà de la satisfaction de ses instincts quelque chose de pur et lumineux. Au-dessus de l'enfer et de ses différentes régions, il existe un lieu dans lequel les âmes peuvent faire pénitence : le purgatoire.

Le purgatoire – état de pénitence

Dans cette quatrième sphère, l'âme peut se laver de ses péchés si elle reconnaît et regrette ses erreurs, ce qui correspond en tous points au modèle catholique. Le purgatoire est un état dans lequel on ressent soi-même toutes les mauvaises actions de sa vie. La princesse von der Leyen a d'ailleurs évoqué ce sujet dans son journal. Dès que les forces du mal et du vice sont épuisées, et que l'âme regrette, celle-ci peut progresser. Mais elle ne doit pas se leurrer. Si son état est instable, elle peut encore régresser, ce qui constitue une expérience douloureuse. Le purgatoire est situé entre l'enfer et le « summerland », mais il s'agit d'un état transitoire, une zone d'attente et de purification, un état interne peu réjouissant.

Le summerland

Le summerland, pays où règne l'éternel été, est composé comme l'enfer de trois sphères différentes où séjournent les morts. La couleur dominante de ce lieu est le bleu, c'est pourquoi les médiums parlent également souvent de « monde bleu ». Ceux qui ont le droit d'y demeurer ont déjà été libérés de leurs instincts et de leurs vices. Une vie pleine d'espoir et d'attente est partout présente. Selon la conception théosophique, cette partie de l'au-delà

Le summerland, pays de l'été, est composé comme l'enfer de trois sphères où séjournent les morts. La couleur dominante de ce lieu est le bleu, c'est pourquoi les médiums parlent également souvent de « monde bleu ».

est caractériséepar un paysage charmant et bien réel ; c'est un monde dans lequel les défunts doivent accomplir certaines tâches, pratiquement comme lors de leur vie terrestre. Dans cette sphère résident les personnes qui se montraient auparavant plutôt indifférentes aux autres. La pratique de la cohabitation représente ici leur devoir quotidien. Nul ne peut y échapper.

Deuxième sphère du summerland

La deuxième sphère du summerland est plus colorée et plus marquée que la région inférieure. Les défunts s'imaginent dans un paysage estival joyeux. On y rencontre tous ceux qui, pendant leur vie, se sont avant tout adonnés à leurs plaisirs favoris et qui doivent désormais s'en libérer. La région supérieure de cette sphère est d'une beauté à couper le souffle, un paradis semblable à ceux offerts dans les catalogues des agences de voyage : des jardins fleuris et une mer d'un bleu profond succèdent à des vergers à perte de vue. Les animaux et les hommes y vivent librement les uns avec les autres ; en réalité ce sont les morts qui créent par la pensée cet endroit merveilleux. L'image idéale de la famille et de la communauté est ici à son apogée. Nombreux sont ceux qui considèrent déjà cet endroit comme le paradis et ne veulent pas continuer à progresser. Pourtant la théosophie les met en garde : seul celui qui sera totalement libéré de tout désir pour lui-même et pour les autres ira dans le paradis lumineux et altruiste. Mais pour l'atteindre, l'homme doit encore faire un difficile travail sur lui-même.

La vie au paradis

Seul celui qui n'aura plus aucun désir ni vice et qui sera libéré de tout penchant égoïste pourra aller au paradis, la dernière sphère du summerland. Cela semble plutôt ennuyeux, mais il ne faut pas se méprendre : ce que la terre peut offrir comme moments de joie pure, représente ici l'état durable de l'âme. Une diversité incomparable de couleurs, de formes et de sons entoure les morts. Tous leurs idéaux se réalisent, leurs pensées dessinent leur vie exactement telle qu'ils la souhaitent. Un amour désintéressé régit tout. Les morts travaillent sur le but de l'univers : rendre la création à son créateur.

Seul celui qui n'aura plus aucun désir ni vice et qui sera libéré de tout penchant égoïste pourra aller au paradis. Un amour désintéressé régit tout dans un seul but : rendre la création à Dieu.

De la sphère la plus haute et la plus pure à la terre

Les anges ainsi que d'autres êtres d'une indescriptible beauté se partagent cette subdivision ultime avec les défunts. L'âme peut ici agir et vivre en toute conscience. Rien ne peut décrire la splendeur de cette sphère, le rayonnement incommensurable de la lumière, les tons changeants et les expériences internes vécues dans cet état. Les âmes qui vivent dans ce lieu se distinguent par leur conscience de l'unité qu'elles forment avec tout ce qui vit et pense, sans influence du temps et de l'espace, dans la plénitude créée par la proximité de Dieu. Mais la théosophie dit aussi que les âmes parvenues à ce niveau ultime ne s'attardent pas dans cet état de pure félicité. Elles sont prêtes, éveillées et intérieurement instruites, pour se réincarner. La réincarnation est liée au caractère inachevé de l'univers. Le retour à une existence terrestre avec tous ses aspects positifs et négatifs est nécessaire pour participer au plan de la création : l'accomplissement de l'homme sur tous les plans de l'existence.

EXPÉRIENCES DE MORT IMMINENTE

Raymond Moody et sa découverte

Les NDE (*Near Death Experiences*) ou expériences de mort imminente furent évoquées publiquement pour la première fois au milieu des années 1970, lorsque le médecin américain Raymond A. Moody publia son premier best-seller *La Vie après la vie*. Raymond Moody s'était intéressé à des témoignages et des rapports provenant de son environnement proche et voulut, en tant que médecin et philosophe, en apprendre plus sur ce phénomène. Au cours de ses recherches, il fut confronté à des personnes qui avaient été à la frontière entre la vie et la mort et avaient déjà été déclarées mortes au sens médical du terme. Les témoignages de NDE sont aujourd'hui étudiés et collectés partout dans le monde. Ces expériences vécues par des personnes déclarées cliniquement mortes sont désormais prises au sérieux.

Dans son best-seller, Raymond Moody rapporte des expériences de mort imminente vécues par des personnes tenues pour mortes. Les patients qui avaient été déclarés en état de mort clinique parlent unanimement d'un monde meilleur.

Description d'une expérience type de mort imminente

Raymond Moody présenta les résultats de ses recherches dans son premier livre *La Vie après la vie*. Il avait constaté que les expériences de mort imminente vécues par beaucoup de personnes présentaient de grandes similitudes. Ces personnes rapportent souvent que « l'homme qui meurt (…) entend le médecin constater son décès. Il commence alors à percevoir un bruit désagréable et se sent emporté avec une grande rapidité à travers un long et obscur tunnel. Après quoi, il se retrouve soudain hors de son corps physique sans toutefois quitter son environnement physique immédiat ; il aperçoit son propre corps à distance, comme en spectateur. Il observe, de ce point de vue privilégié, les tentatives de réanimation dont son corps fait l'objet et il se trouve dans un état de forte tension émotionnelle. Après quelques instants,

Les personnes à la frontière entre la vie et la mort se rapprochent souvent d'êtres qui les accueillent et veulent les aider. Peu de morts cliniques évoquent des rencontres déplaisantes.

il se reprend et s'accoutume peu à peu à l'étrangeté de sa nouvelle situation. Il s'aperçoit qu'il continue de posséder un "corps"[25] (*voir* p. 94) », mais un corps différent.

Un autre corps et l'être de lumière

La plupart des personnes qui ont vécu des expériences de mort imminente décrivent que leur corps est modifié et possède de nouvelles capacités, surprenantes dans un premier temps. Raymond Moody l'exprime de la manière suivante : « Ce corps est d'une nature très particulière et jouit de facultés très différentes de celles dont faisait preuve la dépouille qu'il vient d'abandonner[25]. » La rencontre avec des êtres dits de lumière qui viennent vers les mourants est également commune à de nombreuses personnes ayant vécu une NDE ; il s'agit souvent des esprits de parents et d'amis décédés avant lui qui « s'avancent à sa rencontre paraissant vouloir lui venir en aide[25] ». Ils sont décrits comme des esprits « de chaude tendresse, tout vibrant d'amour[25]. »

Bilan de la vie passée et retour

Ces êtres de lumière font surgir une interrogation chez le mourant sans prononcer de mots. Leur intention est malgré tout très claire pour le mourant : on l'invite à établir un bilan de sa vie passée. « L'entité le seconde dans cette tâche en lui procurant une vision panoramique, instantanée, des événements qui ont marqué son destin. »

Ceux qui ont fait une telle rencontre rapportent pour la plupart qu'au cours de cette rétrospective se trouvait devant eux « une sorte de barrière, ou de frontière, symbolisant apparemment l'ultime limite entre la vie terrestre et la vie à venir. Mais il constate alors qu'il faut revenir en arrière, que le temps de mourir n'est pas encore venu pour lui[25]. »

La plupart des personnes ayant vécu une NDE se souviennent qu'après cette expérience dans le « monde intermédiaire », elles ne voulaient plus du tout retourner sur terre, car elles étaient submergées par le sentiment de bien-être qu'elles ressentaient dans l'au-delà.

Malgré cette résistance et sans savoir comment, le sujet « se retrouve uni à son corps physique : il renaît à la vie[25]. »

Les médiums se représentent la décorporation par l'image de l'âme quittant le corps. Une fois que le corps astral a quitté l'enveloppe corporelle, il n'est plus confronté à aucun obstacle.

Les ultimes questions que l'on peut se poser sur le sens de la vie concernent la nature de l'homme. Les recherches sur les NDE peuvent apporter leur contribution dans ce domaine. Mais quelle est leur fiabilité ?

Un déclencheur
pour d'autres recherches

Une telle expérience influence ceux qui l'ont vécue. Ces personnes entretiennent dès lors un rapport différent avec la mort. Des répercussions aussi lourdes de conséquences peuvent-elles n'être dues qu'à des effets de l'imagination ? De nombreuses années ont passé depuis le best-seller de Raymond Moody et diverses disciplines se sont intéressées à la recherche sur le phénomène des NDE. Beaucoup de témoignages ont été collectés et il est apparu que le phénomène était décrit de façon similaire partout dans le monde. Des recherches sur l'activité cérébrale ont été menées. Parallèlement à de nouvelles perspectives, une série de débats mémorables ont eu lieu. Se posent alors de nombreuses questions, en particulier sur les phénomènes neurophysiologiques, mais également des questions plus fondamentales qui touchent à la mort. Tous les témoignages sans exception ont été faits par des vivants, bien sûr. Sont-ils en conséquence recevables quant à leurs affirmations sur la vie après la mort ?

Un hallucinogène naturel
pourrait tout expliquer

L'une des théories visant à justifier les expériences de mort imminente désigne des substances corporelles naturelles comme étant les causes des visions décrites. On sait grâce à des recherches que le corps humain produit ses propres « molécules du bonheur » qui sont sécrétées à des moments précis, par exemple lors d'une séance de jogging quand on a couru suffisamment longtemps. Certains neurologues et médecins mènent des recherches dans cette direction pour trouver une explication au phénomène dérangeant des NDE. Ils étudient en particulier l'endorphine, la sérotonine et le glutamate qui, associés à une hypoxémie (diminution de la quantité d'oxygène dans le sang ou dans les tissus), pourraient déclencher une expérience de mort imminente. Pour exposer les choses clairement, face à la menace de la mort, le corps se « droguerait » lui-même avec certaines substances chimiques afin de tromper le mental en lui montrant de belles images qui seraient captées par des récepteurs corporels déjà présents dans le cerveau.

La mort, un voyage sans retour

Le moment précis de la mort d'une personne n'est pas facile à déterminer. La mort cérébrale et l'arrêt cardiaque sont les critères médicaux classiques permettant de déclarer le décès officiel.

Les expériences de mort imminente sont concernées par ces critères car elles surviennent toujours avant cette fin définitive, ce qui est tout à fait compréhensible car quiconque a dépassé le point non-retour ne peut pas revenir pour partager son expérience, ses impressions et ses sentiments. Par conséquent, les expériences de mort imminente ne peuvent, d'un point de vue théologique, en aucun cas présenter un aperçu de l'au-delà car l'homme n'a pas dépassé définitivement le seuil de la mort biologique.

D'un point de vue théologique, les expériences de mort imminente ne peuvent en aucun cas présenter un aperçu de l'au-delà. L'argument retenu avance qu'aucun être humain n'a effectivement dépassé le seuil de la mort biologique.

Selon les neurologues, il existerait dans le cerveau des neuromédiateurs, grâce auxquels le corps fait miroiter à la conscience qu'elle se trouve dans un autre monde plus beau.

Expériences de mort imminente – une simple fiction de certaines régions du cerveau ?

Des neurologues célèbres comme le docteur Michael Schröder-Kunhardt pensent que des régions du cerveau seraient biologiquement à l'origine d'expériences dites religieuses et paranormales. L'intérêt porté aux conditions neurophysiologiques des expériences de mort imminente se justifie de deux manières. D'une part, il semble important de clarifier les conditions « dans lesquelles l'expérience de mort imminente survient et pourrait éventuellement être de nouveau déclenchée par la suite de façon "artificielle". Cela s'est déjà produit pour certains aspects des NDE[26] (*voir* p. 94). » Pour ce faire, on a stimulé les régions du cerveau concernées et obtenu ainsi des réactions partiellement similaires à une « véritable » NDE. D'autre part, certains chercheurs essaient de relier d'une façon générale toutes les expériences de mort imminente à des facteurs purement neurobiologiques. Ils cherchent ainsi à démontrer que ces expériences subjectives ne sont rien d'autre que des fictions créées par certaines régions du cerveau. Selon eux, le cerveau serait pour ainsi dire comme un producteur de films NDE.

La conscience des limites du corps physique

Le docteur John Lorber, spécialiste reconnu en Angleterre et aux États-Unis, a rassemblé des cas de personnes n'ayant pratiquement pas de cerveau ou un cerveau qui aurait dû, à la suite d'un terrible accident, être partiellement ou totalement défaillant. Si les résultats de ses études sont avérés, cela prouverait que la conscience existe sans cerveau et que le corps physique ne représente pas tout.

Vivre sans cerveau

Le neurologue John Lorber de l'université de Sheffield en Angleterre a fait une découverte sensationnelle qui s'intègre parfaitement dans ce chapitre. Le docteur Lorber a étudié un homme dont la tête était plus grosse que la moyenne. Ce patient faisait par ailleurs preuve d'une immense intelligence mathématique. Son QI fut plusieurs fois évalué à 126, une valeur de 100 indiquant une intelligence moyenne. À l'école, il obtenait également d'excellentes notes. En étudiant la tête de cet homme, le docteur Lorber a constaté à son plus grand étonnement qu'il n'avait pas de cerveau. Il découvrit une fine couche de cellules cérébrales d'environ un millimètre d'épaisseur, le reste n'étant que de l'eau. Le médecin se demanda à juste raison comment cet homme parvenait à rester en vie. Il représentait en effet une énigme pour la médecine.

Le jeune Andrew Vandal, né le 12 juillet 1984, présente une anomalie similaire. On découvrit que pendant le développement du fœtus dans l'utérus, un kyste s'était formé à la base du cerveau et en avait empêché le développement normal. Pour expliquer les choses clairement, l'enfant est né sans cerveau dans le crâne, qui contient à la place un liquide cérébrospinal clair. En dépit de cette malformation, l'enfant fut mis au monde puis adopté par Kaye Vandal de Wallingfort dans le Connecticut aux États-Unis. D'après les pronostics médicaux, l'enfant ne devait pas survivre. Or s'il n'est aujourd'hui certes pas capable de parler et ne peut se déplacer que sur le dos, il réagit aux stimuli, sourit et son développement mental semble être normal.

Il est possible que les expériences de mort imminente ne soient que des fictions créées par certaines régions du cerveau. Le docteur John Lorber a découvert qu'il était même possible de survivre pratiquement sans cerveau.

Tentatives d'explication scientifique

On supposa dans un premier temps que des opiacés sécrétés par le corps étaient à l'origine des NDE. On mena donc des recherches avec ces substances en les accompagnant d'endorphines et d'autres molécules pour stimuler les régions du cerveau concernées et déclencher ainsi une expérience de mort imminente. Le principe échoua car les opiacés sécrétés par le corps jouent un rôle dans de nombreuses situations quotidiennes et ne sont apparemment pas suffisamment déterminants dans le domaine des NDE. Il a été prouvé que les drogues sécrétées par le corps ou ingérées – comme le cannabis – ne déclenchent que des expériences fragmentaires. En outre, l'idée selon laquelle les NDE découleraient de lésions cérébrales doit être écartée en raison des nombreux témoignages émanant de personnes en parfaite santé ; en revanche l'implication d'une région du cerveau précise, le lobe temporal, est probable.

Certaines régions du cerveau jouent un rôle déterminant

Le lobe temporal forme la partie inférieure du cerveau. Il est le siège des illusions d'optique. Lorsqu'on stimule électriquement le lobe temporal, il déclenche au minimum des éléments fragmentaires d'une expérience de mort imminente, comme l'impression de pouvoir traverser la matière, un mur par exemple.

La neurobiologie s'intéresse avant tout à la construction du système nerveux. Elle cherche depuis longtemps déjà, mais sans réel succès jusqu'à présent, à expliquer les expériences de mort imminente dans le cadre de ses recherches. De nombreux phénomènes ne sont pas élucidés ou seulement de façon insuffisante. La supposition selon laquelle les NDE seraient déclenchées par une fonction spéciale de la région limbique a cependant été corroborée. Le rôle du système limbique dans la mémoire est indiscutable, il intègre les influences internes et externes, et les interprète sur un plan émotionnel.

Les expériences de mort imminente sont-elles déclenchées par des drogues sécrétées par le corps ? Cette théorie est également avancée. Des expériences ont cependant démontré que les opiacés naturels étaient trop peu spécifiques pour englober tout le phénomène des NDE.

Les chercheurs et la recherche

En raison de leur contenu, les expériences de mort imminente se démarquent clairement des événements quotidiens. De nombreuses personnes ayant vécu ce type d'expérience hésitent à en faire part à autrui car elles craignent d'être considérées comme folles. En raison du scepticisme du personnel médical, nombre de témoignages en Europe ne sont pas diffusés. Contrairement aux États-Unis où le personnel hospitalier est habitué aux NDE, sur le « vieux continent », il n'y a pratiquement pas de recherche systématique dans le domaine clinique.

Des films à sensation et d'étranges investigations avec un psychomanteum

Cette réserve peut s'expliquer par le fait que les expériences de mort imminente sont souvent traitées comme des phénomènes ésotériques. Des films comme *Ghost*, avec Demi Moore et Patrick Swayze, pourraient avoir contribué au fait que de nombreux scientifiques considèrent que les témoignages ne sont pas sérieux. Mais les chercheurs qui étudient ce phénomène ont également leur part de responsabilité dans l'image négative de la recherche en matière de NDE. On peut citer par exemple le cas d'Elisabeth Kübler-Ross, qui acquit, par ses dialogues avec les mourants, une réputation dans le domaine de la thanatologie, l'étude de la mort, puis qui se détourna de ses travaux d'origine pour s'intéresser à des thèmes ésotériques. Raymond Moody également, considéré comme le précurseur de la recherche sur les NDE, se consacre depuis à des sujets pour lesquels les scientifiques n'ont que peu de compréhension. Ses tentatives visant à permettre d'établir un contact avec les morts, par le biais de miroirs dans ce que l'on appelle un psychomanteum, ont nourri les critiques acerbes de ses collègues.

Un psychomanteum est une pièce comportant un grand miroir accroché à un mur par lequel on atteint un état dit « hypnagogique », c'est-à-dire un état de conscience altérée, qui est censé permettre d'avoir des visions, de converser avec les morts, etc.

On ne peut qu'émettre des hypothèses sur ce qui nous attend après la mort. Des films comme L'*Expérience interdite* se sont volontiers emparés de cette thématique. Dans *Ghost*, un homme décédé essaie de transmettre à sa femme bien-aimée des messages de l'au-delà.

Aspect religieux des expériences de mort imminente

De nombreux témoignages renvoient aux représentations de l'au-delà d'une religion donnée. Les chrétiens rencontrent notamment Jésus, les hindouistes leurs dieux et les mormons constatent avec étonnement que la stricte organisation hiérarchique de leur religion existe également dans l'au-delà.

La plupart des descriptions évoquent au début du « voyage » une sorte de tunnel, de nuage ou de porte. Pour certains, ce tunnel a l'air animé comme s'il était lui-même un organisme vivant. D'autres voient une lumière claire et chaude au bout du tunnel. Les visions de la plupart d'entre eux se ressemblent : l'expérience est liée à des impressions optiques et acoustiques agréables et semble représenter un aperçu de régions paradisiaques.

Les témoignages de personnes ayant vécu une expérience à la frontière entre la vie et la mort évoquent pour la plupart un tunnel, une nuée ou une sorte de porte qu'elles franchissent sans ressentir de peur.

Le cas des personnes paralysées ou aveugles tendrait à prouver la réalité des expériences de mort imminente. Elles décrivent des pièces où elles ne sont jamais allées et répètent ce qui a été dit dans la salle d'opération.

Rencontre avec des entités étrangères

Un grand nombre de patients rapportent qu'ils ont rencontré d'autres personnes ou êtres vivants durant leur NDE. Il s'agit pour la plupart de parents déjà décédés : « Il s'agissait d'une amie… ainsi que de ma grand-mère paternelle. Ce qui m'a énormément frappé à posteriori, c'est que je ne la connaissais pas puisqu'elle était morte avant ma naissance… Cet accueil par des personnages était très impressionnant, on pourrait le comparer à un océan d'amour[26] (*voir* p. 94). »

En ce qui concerne le lieu de façon plus spécifique, les témoignages évoquent les caractéristiques suivantes : « Je suis arrivé dans un jardin rayonnant de magnifiques couleurs que je ne peux cependant pas décrire. Il s'agissait de couleurs pastel, mais cette description ne correspond pas parfaitement à la réalité[26]. » À sa manière, l'architecture de l'au-delà est également grandiose : les ponts, les bibliothèques, les temples surpassent tout ce que nous connaissons ici-bas. Cependant, tous les témoignages ne décrivent pas des objets concrets, certains restent très vagues et n'évoquent qu'un horizon infini ou une belle étendue lumineuse.

Le problème du corps et de l'âme

Les NDE reflètent toutes d'anciennes croyances de l'humanité : le corps et l'âme sont deux choses distinctes. Lors des NDE, l'âme quitte le corps et emporte l'identité de la personne. Ce qui constitue l'homme, son Moi, existe donc de façon indépendante de son corps physique. Ainsi l'expérience de mort imminente s'inscrit-elle dans une longue tradition philosophique et théologique qui part du principe de la séparabilité de l'âme et du corps. Les mouvements ésotériques ont depuis toujours exprimé cette idée mais dans un cadre plus large : d'après les croyances ésotériques, il existe parallèlement au corps astral, si l'on fait abstraction du corps physique, un corps éthérique qui assure le bon fonctionnement des fonctions vitales. L'idée ancestrale selon laquelle la psyché et le physique, c'est-à-dire l'âme et le corps, sont deux « choses » distinctes, est remise au goût du jour par l'émergence des expériences de mort imminente.

Les cas faisant état de perceptions extracorporelles sont particulièrement intéressants : certaines personnes déclarées mortes peuvent voir des choses alors que cela n'aurait normalement pas été possible en raison de l'endroit où elles se trouvaient ou à cause de leur condition physique. C'est en particulier le cas lorsqu'une personne est allongée, apparemment morte, dans une pièce et qu'elle perçoit des choses dans une autre pièce, à un autre étage, voire dans un bâtiment qu'elle ne connaît pas. Dans certains cas, peu nombreux, le « presque » mort était même aveugle. Plus encore : certaines personnes paralysées, dont les jambes avaient été amputées, ont apparemment pu se déplacer sans problèmes à partir du lieu où elles se situaient à l'origine. Elles évoquent des pièces et des gens qu'elles n'ont jamais pu voir auparavant. Dans tous les cas, les expériences de mort imminente ouvrent de nouvelles perspectives quant au thème du rapport âme-corps, étudié depuis l'Antiquité.

Les rencontres faites dans le cadre de NDE varient selon la religion de chacun. Les hindous voient leurs dieux et les chrétiens, la Vierge Marie ou Jésus Christ. Un chrétien rapporte : « Je veux dire Jésus Christ lui-même ! Je n'ai éprouvé ni le besoin de le prier ni de me prosterner. »

Des êtres de lumière et une lumière douce

De nombreux témoignages d'expérience de mort imminente évoquent la rencontre avec un être de lumière. Cet être semblable à un ange est entouré, d'après la plupart des descriptions, d'une lumière douce et claire, et non d'un éclat aveuglant. Les hommes se sentent très bien dans cette lumière. Elle représente pour eux la félicité absolue, la connaissance universelle et l'amour envers autrui et pour soi-même. On peut totalement se fier à cette lumière, sans rien y perdre. Elle aboutit à l'abolition de tous les contraires, dans un bonheur profond mêlé de joie. La présence de l'être de lumière revêt souvent une signification religieuse : « La dernière chose dont je me souvienne est que Jésus m'est apparu. Je veux dire Jésus Christ lui-même ! Je n'ai éprouvé ni le besoin de le prier ni de me prosterner[26] (voir p. 94). »

De nombreux théologiens catholiques accueillent de façon plutôt positive les expériences de mort imminente. Quoi qu'il en soit, le Vatican ne les considère pas comme des preuves fondées d'une vie après la mort ou de l'existence de Dieu.

L'Église et les NDE

Hans Küng, théologien de Tubingen en Allemagne, constate de façon objective dans son livre, *Vie éternelle ?*, qu'aucune personne ayant témoigné sur son expérience de mort imminente n'avait dépassé la limite de la mort biologique : « Tout près du seuil de la mort, ils n'ont pourtant jamais franchi ce seuil. Quelle conclusion tirer de ces expériences de la mort pour la vie après la mort ? En bref : rien ! De telles expériences de la mort ne prouvent rien pour une vie éventuelle après la mort[27] (*voir* p. 94). »

De nombreux théologiens catholiques accueillent de façon positive les expériences de mort imminente. Les écrits épiscopaux considèrent les NDE comme des expériences réelles, non comme des aperçus de l'au-delà ou des preuves de l'existence de Dieu. Un représentant de l'Église a conseillé de prendre ces expériences non comme des preuves, mais comme une indication de la transcendance humaine, les autorités ecclésiastiques n'émettant pas de réserves sur ce point. Il convient de comprendre cela dans le sens où, si les expériences de mort imminente apportent joie et paix, la possibilité qu'elles soient spirituelles reste entière.

Personnages bibliques en Occident, dieux hindous en Orient

Les réactions de l'Église évangélique témoignent d'un plus grand scepticisme. Elle invoque le fait qu'aucune personne n'était réellement décédée, ce qui implique qu'aucune déclaration n'est recevable. La représentation du Dieu chrétien ne doit, selon elle, en aucun cas être façonnée à partir des expériences de mort imminente.

Les descriptions d'« êtres de lumière » citées ici coïncident avec des personnages bibliques. Toute une série de témoignages provenant d'autres pays évoquent des observations et des interprétations différentes.

Elles soutiennent la thèse selon laquelle le contexte socioculturel des « presque morts » joue un rôle déterminant dans les observations qu'ils font. Cela concerne aussi bien la perception des éléments extérieurs, en particulier l'architecture de l'au-delà et l'habillement des êtres qui le peuplent, que la représentation des « êtres de lumière » dont la signification diffère en fonction des différents contextes religieux.

Ainsi l'étude de NDE en Inde a révélé que les personnes concernées avaient surtout vu des divinités tandis qu'en Chine, elles évoquaient des rencontres avec un messager dont la description n'est pas plus précise, qui les enjoignait de retourner immédiatement sur terre.

Rétrospective de la vie passée

La rétrospective de la vie passée est un événement fréquemment décrit dans le cadre des NDE.

Un témoignage explique que ce retour en arrière était composé d'un nombre incalculable d'images représentant des scènes de sa vie. Chaque scène semblait très vivante et réaliste. Le metteur en scène invisible avait agencé la rétrospective de telle façon que la première scène représente la mort de la personne et la dernière, sa naissance. Tout le film aurait défilé à une vitesse vertigineuse et il aurait ainsi visualisé ses soixante années d'existence en accéléré, ce qui doit avoir été fort impressionnant.

Jugement moral et retour

Aux souvenirs de la vie passée s'ajoute dans certains cas l'idée que les actions évoquées sont soumises à un jugement moral, qui concerne aussi souvent les sentiments des tierces personnes concernées par ces actes : « Je perçus en même temps les conséquences de tous mes actes pour tous les hommes… pour l'air, la terre, l'eau et les plantes[26] (*voir* p. 94). »

Une autre personne écrit : « Ma conscience évalua immédiatement mes actes et me jugea moi-même, c'est-à-dire qu'elle jugea si telle ou telle action avait été bonne ou mauvaise[26] (*voir* p. 94). »

Le retour à la vie normale a lieu de différentes façons. Dans certains cas, l'être de lumière rencontré est présent lors du retour ou en est responsable : « L'être m'a dit que j'avais une mission à accomplir et que je ne l'avais pas encore commencée sur la terre[26] (*voir* p. 94). »

Le retour à la vie normale est souvent douloureux. Certaines personnes ne veulent pas revenir ; mais dans les cas rapportés, elles ont dit qu'elles n'avaient pas eu le choix.

Un champ d'investigation qui a de l'avenir

Les expériences de mort imminente représentent un champ de recherche fascinant car l'espace reste ouvert pour de plus amples études. Toutes les personnes qui ont vécu des expériences de mort imminente modifient par la suite radicalement leur vie. L'acquisition continuelle de biens matériels cède souvent la place à une conduite de vie plus spirituelle. Elles déclarent n'avoir plus peur de la mort. L'explication la plus récente des expériences de mort imminente avance que la conscience normalement arrimée au cerveau, que l'on pourrait qualifier de classeur d'informations, peut se détacher du corps temporairement et rester active pour transmettre des informations ou en recevoir, et les stocker de façon désincarnée dans son « état d'agrégat ».

Le dieu hindou Vishnou est souvent rencontré lors d'une expérience de mort imminente. Les témoignages évoquent des entités qui ne veulent pas que la personne meure car elle aurait une mission à accomplir.

Spiritisme et parapsychologie

Approches et procédés

Le spiritisme, initié par des chercheurs comme Emanuel Swedenborg, voulait autrefois apporter la preuve qu'il existait une âme immortelle indépendante du corps physique en partant du principe que la personnalité de l'homme restait intacte après sa mort. En conséquence, les personnes douées de pouvoirs médiumniques devraient avoir la possibilité d'entrer en contact avec les morts dans l'au-delà.

La parapsychologie, quant à elle, s'intéresse aujourd'hui aux phénomènes qui, d'un point de vue scientifique, se situent à la limite de l'entendement humain et de son expérience. Cependant, la parapsychologie moderne a pour le moment peu à voir avec le spiritisme. Elle s'est donné pour but d'étudier d'une façon scientifique tout ce que le spiritisme croit avoir découvert depuis longtemps et considère comme certain. Toutefois les expériences scientifiques nécessitent du temps et la parapsychologie veut apporter des preuves tangibles, aussi difficile que cela puisse être. Des phénomènes comme ceux présentés ci-après sont aujourd'hui étudiés et évalués par des parapsychologues.

À la recherche d'un modèle scientifique

La relation entre parapsychologie et spiritisme s'est quelque peu modifiée. Les médiums qui adhèrent au spiritisme ne sont plus considérés comme des hystériques ou des malades mentaux ; la télépathie (fait de lire dans les pensées) et la télékinésie (fait de déplacer des objets sans les toucher) ne sont plus vus comme des supercheries et des mystifications mais comme des faits scientifiques.

Ces personnes sont autant prises au sérieux que les phénomènes paranormaux. La mission de la parapsychologie consiste à reprendre le travail là où l'ont abandonné les anciens chercheurs intéressés par le spiritisme et à trouver un modèle évident qui expliquerait de façon satisfaisante ces phénomènes exceptionnels. Les apparitions de fantômes font par exemple partie de ce domaine.

Des visages sortis du néant – des fantômes en Espagne

Maria Gomez Pereira de Belmez en Espagne n'a jamais oublié le 23 août 1971. Ce jour-là, des événements inhabituels commencèrent à se produire dans sa maison vers midi et se perpétuèrent par la suite pendant toute sa vie. Madame Pereira était dans sa cuisine en train de préparer le déjeuner lorsque, soudain, un visage flou apparut sur le sol de la pièce comme sorti de nulle part. Elle put reconnaître des traits masculins. Maria Pereira essaya en vain de faire disparaître le visage du sol mais il « refusait » de se laisser effacer. Un témoin prétendit même que l'expression de l'homme avait changé. Une semaine s'écoula et madame Pereira prit des mesures drastiques. Elle recouvrit le sol de la cuisine et la figure, malheureusement sans succès. Comme si elle avait défié le fantôme en voulant le faire disparaître, d'autres visages d'hommes et de femmes apparurent sur le sol de la cuisine. Peu de temps après, ils se manifestèrent dans toute la maison. Personne ne sera surpris

Il existerait apparemment d'authentiques clichés d'esprits pris dans des maisons hantées. La parapsychologie essaie d'étudier de tels phénomènes. Selon l'une des théories avancées, la matière pourrait enregistrer les images comme une bande magnétique.

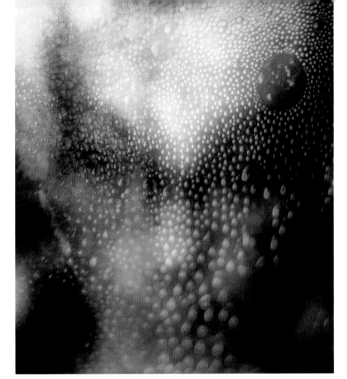

Les visages apparus comme sortis du néant dans le village de Belmez en Espagne représentent une énigme pour les chercheurs. Jusqu'à aujourd'hui personne n'a pu prouver qu'il s'agissait d'une supercherie. Le mystère reste entier.

d'apprendre que cette incroyable histoire de visages surnaturels se propagea très rapidement dans tout Belmez.

Rapports de presse et tentatives d'analyse

Des journalistes ainsi que de nombreux photographes accoururent et s'emparèrent du phénomène. Plusieurs photographies attestent l'existence de ces visages étranges. Le maire de la ville fit détruire et reconstruire le sol de la maison tout en conservant un bloc de ciment pour prouver l'existence des visages et faire pratiquer des analyses. On s'attaqua au problème avec plusieurs analyses chimiques et un examen radiographique, sans faire de découvertes probantes. Ce fantôme n'était-il finalement qu'une imposture génialement élaborée ? Si c'est bien le cas, la supercherie n'a en tous cas toujours pas été dévoilée à ce jour. Le nouveau revêtement fut spécialement couvert d'un plastique, ce qui permit uniquement de prouver que les apparitions n'étaient dues ni à l'humidité ni aux moisissures. Quoi qu'il en soit, les visages ont continué d'apparaître et personne n'a encore trouvé d'explication plausible à leur existence.

Une découverte macabre

On supposa ensuite que quelque chose pouvait être enterré sous le sol de la maison et était à l'origine des images. En creusant le sol, les ouvriers tombèrent sur des ossements humains dont les crânes manquaient. D'autres fouilles révélèrent que la maison de la famille Pereira avait été construite sur les ruines d'un cimetière datant du XIIIe siècle. Les habitants du village, ainsi que les scientifiques qui ont étudié ce cas, sont depuis lors persuadés que les phénomènes sont bien réels. Les restes humains découverts furent transportés dans le cimetière de Belmez. On espérait ainsi que les manifestations prendraient fin. Malheureusement, ce ne fut pas le cas. Les visages continuèrent à faire preuve d'entêtement. Toutes les tentatives de faire cesser les apparitions échouèrent. On enregistra avec des microphones des voix et des bruits étranges, qui ressemblaient à des gémissements et des plaintes, apparemment les lamentations de personnes endurant de terribles souffrances. En 2004, Maria Pereira mourut à l'âge de quatre-vingt-cinq ans. Les fantômes semblent ensuite avoir trouvé un nouveau domicile puisque les visages apparaissent maintenant à moins de cent mètres de là, dans la maison où elle était née. On y a recensé depuis plus de vingt visages.

Les fantômes sont souvent liés à un meurtre resté impuni, comme si la personne assassinée devait revenir hanter notre monde pour rappeler aux vivants le terrible sort qui lui fut réservé.

État de la recherche

Il n'existe aucune preuve de l'apparition de fantômes mais rien non plus ne prouve le contraire ou n'explique de façon rationnelle les cas connus. Les apparitions d'esprits, comme les « poltergeists » ou esprits frappeurs, sont liés à une source dont l'épicentre est soit des personnes présentant des troubles psychiques soit des adolescents en pleine puberté. On a découvert que ceux-ci pouvaient déclencher ces phénomènes énigmatiques bien que cela ne suffise pas à expliquer les événements apparemment surnaturels. Il est possible que certains processus psychiques échappent encore à notre entendement. Il fut bien sûr souvent démontré que ces phénomènes n'étaient que d'habiles supercheries ou des illusions, cependant il demeure un nombre infime de cas apparemment inexplicables et énigmatiques.

Des perspectives nouvelles avec Rupert Sheldrake

La théorie du biochimiste anglais Rupert Sheldrake pourrait ouvrir de nouvelles perspectives dans le domaine. Selon lui, il existerait ce qu'il appelle des champs morphiques ou morphogénétiques, qui sont actifs dans le temps et l'espace bien que dépourvus de matière et d'énergie. Ces champs lieraient de façon invisible tous les êtres vivants, ce qui pourrait expliquer des phénomènes comme la télépathie, la télékinésie ou d'autres événements spiritistes.

D'après Rupert Sheldrake, de tels champs ne se limitent pas au cerveau seul, mais s'étendent à tout le corps jusque dans l'environnement. Ces champs, qui pour le moment suscitent un vif intérêt en Russie, sont appelés champs vitaux car ils englobent tout. Nous, les hommes, sommes en résonance avec ces champs sur un plan vibratoire.

Les séances de spiritisme étaient très en vogue au XIXᵉ siècle. La plupart reposaient sur d'habiles manipulations. Un petit nombre cependant reste sujet à questionnement et pourrait être étudié par les chercheurs.

D'après Rupert Sheldrake, une telle résonance nous lie tous à la mémoire collective de notre société et de notre culture, et finalement à la mémoire collective de toute l'humanité.

Une autre explication possible

Il a notamment été avéré que les phénomènes physiques du spiritisme tels que la télékinésie, les tables qui bougent, les matérialisations, c'est-à-dire le fait que les fantômes deviennent visibles, etc., ne suffisaient pas à prouver en eux-mêmes l'existence d'une vie après la mort.

Les esprits frappeurs ne prouvent pas l'existence de l'au-delà. On peut, tous sans exception, les expliquer d'un point de vue animiste en soutenant l'idée que tous les êtres et toutes les choses possèdent une âme.

Des histoires de fantômes en Irlande

Il n'y a pas qu'en Angleterre, en Espagne ou aux États-Unis que des fantômes hantent des maisons, cela arrive aussi sur la verte Irlande. Sur cette île, certaines maisons ont depuis des siècles une réputation particulière : d'effrayants chats noirs y font irruption pendant la nuit, des ombres se faufilent dans de sombres vestibules et de nobles dames mortes depuis longtemps terrorisent les vivants en descendant les escaliers vers minuit. Les rumeurs les plus épouvantables circulent sur l'Iveagh House de St Stephen's Green à Dublin dans laquelle se trouve aujourd'hui le ministère irlandais des affaires étrangères. Lors de chaque jeudi saint, une mystérieuse croix apparaît dans l'embrasure de l'une des fenêtres du bâtiment à l'endroit même où l'archevêque de Cashel fut assassiné en 1583. Le célèbre Shelbourne Hotel héberge, quant à lui, le fantôme de la petite Mary Masters qui y a trouvé la mort d'une façon effroyable. Les parapsychologues expliquent que de puissants champs électromagnétiques peuvent déclencher un sentiment de peur et l'apparition d'images chez certaines personnes. De plus, des particularités architectoniques telles que de hautes pièces, des couloirs obscurs, des lumières diffuses et de vieux murs favoriseraient ces apparitions. Quoi qu'il en soit, si certains phénomènes peuvent être expliqués de cette façon, ce n'est certes pas le cas de tous.

Des fantômes en 2006

Un fait étrange fut rapporté au début de l'année 2006 à Deltona aux États-Unis, et fit même l'objet d'un documentaire. Des objets commencèrent tout d'abord à se déplacer sans intervention humaine dans la maison des Dunnam à Deltona. Des sons et des voix provenant d'autres dimensions auraient soi-disant été entendus, et l'apparition d'un fantôme effrayant servit de thème à un film. Les propriétaires de la maison hantée, Edd et Beth Dunnam, auraient même frôlé la panique lorsqu'ils virent un homme sans tête près du lit de leurs deux fils. Tout avait pourtant commencé de façon plutôt inoffensive avec quelques « endroits froids dans la maison[27] » (*voir* p. 94), rapportent les Dunnam.

Des maisons célèbres comme le Shelbourne Hotel à Dublin attirent les gens en quête de sensations. Certains en sortent déçus, d'autres se convainquent qu'ils ont vécu quelque chose. Tout n'est-il qu'imagination ?

CONCLUSION

De tout temps, les hommes se sont interrogés sur la possibilité d'une vie après la mort. Il y a quelques décennies, ce domaine n'était pas du tout abordé par la science et cette page de l'histoire ne se tourne que lentement à l'aube du XXIe siècle.

La physique quantique et la cosmologie moderne ont proposé de nouvelles et surprenantes théories sur la naissance de l'univers et l'apparition de la vie qui abordent également la question d'une vie après la mort.

Les derniers enjeux de la recherche dans le domaine des expériences de mort imminente et autres phénomènes paranormaux démontrent que de nombreux chercheurs sont disposés à reconnaître la possibilité d'une conscience existant en dehors du corps, voire en son absence. Ces thèses différentes font à présent l'objet d'études.

L'être de l'au-delà appelé Seth, avec lequel la médium Jane Roberts était en contact, s'était lui-même décrit comme un noyau de personnalité et d'énergie non incarné. Quelques chercheurs comme les physiciens Burkhard Heim, Illobrand von Ludwiger ou le professeur Ernst Senkowski, avancent que la conscience serait de la matière à haute fréquence d'une dimension supérieure.

L'homme pénètre ainsi dans d'autres dimensions dont l'au-delà. Ces différentes thèses permettent une perception nouvelle du corps humain et de la mort d'un point de vue scientifique. La religion et l'ésotérisme l'ont toujours su, comme nous l'avons montré.

Il ne reste plus qu'à prouver scientifiquement cette connaissance.

La rencontre avec un fantôme peut être représentée de la manière suivante : une image brumeuse qui se dissout lorsqu'on veut l'attraper. Cependant, les esprits sont également décrits comme possédant des silhouettes qui ressemblent à celles des humains.

D'après certains témoignages, des enfants « apparaissent » également aux vivants. Selon les adeptes du spiritisme, la plupart d'entre eux auraient trouvé la mort dans un accident et hantent le lieu où cela s'est produit car ils pensent qu'ils sont toujours en vie.

Notes et bibliographie

1   HÉRODOTE, *Histoire*, Livre second, Euterpe.
2   BARGUET, Paul, *Le Livre des morts des Anciens Égyptiens*, éditions du Cerf, 1967
3   APULÉE (trad. Paul Valette), *Les Métamorphoses*, Les Belles Lettres, 1985
4   HOMÈRE (trad. Leconte de Lisle), *L'Odyssée*.
5   KLIMKEIT Hans-Joachim, *Tod und Jenseits im Glauben der Völker*, Wiesbaden, 1978
6   GUYONVARC'H, Christian-Joseph/LE ROUX, Francoise, *Les Druides*, Ouest-France, 1986
7   SIMEK, Rudolf, *Dictionnaire de la mythologie germano-scandinave*, Porte-Glaive 1995
8   La Bible, Ésaïe 14, 10-11, traduction œcuménique, Éditions du Cerf, 2000
9   DANTE, *La Divine Comédie*, Larousse 2001
10   www.salve-regina.com
11   ZÜRRER, Ronald, *Reinkarnation, Einführung in die Wissenschaft der Seelenwanderung*, Govinda, 2005
12   Le Coran, sourate XVIII, verset 28, Flammarion, 1970
13   IQBAL, Mohammad (trad. Éva de Vitray-Meyerovitch et Mohammad Achena), *Message de l'Orient*, Les Belles Lettres, 1956
14   Rig-Véda ou le livre des Hymnes (trad. Alexandre Langlois), Jean Maisonneuve, 2005
15   La Bhagavad-Gîta (trad. Émile Senart), Les Belles Lettres, 2004
16   KÖLVER, Bernhard, *Das Weltbild der Hindus*, Reimer, Dietrich 2003
17   RINPOCHE, Guru, *Le Livre des morts tibétain*, Le Courrier du Livre, 1984
18   KANT, Emmanuel, *Rêves d'un visionnaire*, Virin, 2002
19   HENTSCHEL-HEINEGG, Aglaja, *Kontakte mit Unsichtbaren*, Francfort, 1980
20   KERNER, Justinus (trad. Dr Dusart), *La Voyante de Prevorst*, Chamuel, 1900
21   VON DER LEYEN, Eugenie, *Meine Gespräche mit armen Seelen*, Aschaffenburg, 1980
22   ROBERTS, Jane, *L'Enseignement de Seth*, J'ai lu, 1993
23   KHAYYAM, Omar, *Rubayat*, Gallimard, 1994
24   BROWNE, Silvia, *La Vie dans l'au-delà, Voyage d'un médium*, ADA, 1997
25   MOODY, Raymond, *La Vie après la vie*, J'ai Lu, 2006
26   HÖGL, Stefan, *Nahtoderfahrungen und Jenseitsreisen*, Marbourg 2000
27   KÜNG, Hans, *Vie éternelle ?* Seuil, 1985

VERNETTE, Jean, *L'au-delà*, Puf, 1998
HART, Georges, *Mythes égyptiens*, Seuil, 1999
LEHMANN, Yves, *Religions de l'Antiquité*, Puf, 1999

Crédits photographiques

Christiana-Verlag, Stein am Rhein (CH) : 61

Corbis : 2 Frank Krahmer/zefa, 4 Richard T. Nowitz, 5 Araldo de Luca (g), Scot Frei (c), Digital Art (d), 6 Stapleton Collection, 7 Bruce Burkhardt, 8 Guntmar Fritz/zefa, 9 The Cover Story, 11 Richard T. Nowitz, 12 Tibor Bognár 13 Bettmann (g), Werner Forman (d), 14 Historical Picture Archive, 15 Gianni Dagli Orti (g), Sandro Vannini (d), 16 Gianni Dagli Orti, 17 (b) Gianni Dagli Orti, 17 Araldo de Luca (h), 18 David Lees, 19 The Art Archive (g), Massimo Listri (d), 20 Mimmo Jodice (b), Archivo Iconografico, S. A. (h), 21 Fine Art Photographic Library, 22 Historical Picture Archive, 23 Bettmann (b), Araldo de Luca (h), 24 Larry Dale Gordon/zefa, 25 Jose Fuste Raga, 26 Homer Sykes (g), Bettmann (d), 27 Historical Picture Archive, 28 Markus Botzek/zefa, 29 Franz-Marc Frei (b), Werner Forman (h), 30 Bettmann, 31 Christel Gerstenberg (b), Ted Spiegel (h), 32 Richard Powers, 33 Stapleton Collection, 35 Araldo de Luca, 36 Bettmann, 37 Hanan Isachar, 38 Historical Picture Archive, 39 Charles & Josette Lenars, 40 Sandro Vannini, 41 Archivo Iconografico, S.A. (b), Stapleton Collection (h), 42 Bill Ross, 43 Russell Underwood, 44 Stapleton Collection (b), Araldo de Luca (h), 45 Bettmann, 46 Frank Krahmer/zefa, 47 Corbis, 48 Sheldan Collins, 49 Ted Streshinsky (b), Historical Picture Archive (h), 50 Lindsay Hebberd, 51 Sakamoto Photo Research Laboratory (b), Mike Cassese/Reuters (h), 52 Hulton-Deutsch Collection, 53 Jeremy Horner, 55 Scot Frei, 56 Bettmann, 57 Al Francekevich, 58 Brooklyn Museum of Art (h), 59 Thom Lang, 60 Bettmann, 62 Francis G. Mayer, 63 David Aubrey (b), Bettmann (h), 64 Jim Richardson (g), 65 R. Holz/zefa, 66 STScI/NASA, 67 Fred Prouser/Reuters, 68 G. Baden/zefa (b), Archivo Iconografico, S. A. (h), 69 Bettmann, 71 Digital Art, 72 Christie's Images, 73 Bettmann, 74 Craig Aurness, 75 Ronnie Kaufman, 76 George B. Diebold (h), 77 Historical Picture Archive, 78 Jacques-Edouard Vekemans, 79 Christina Cahill, 80 Archivo Iconografico, S. A., 81 Matthias Kulka/zefa, 82 Falko Updarp/zefa, 83 Rolf Bruderer, 84 Ragnar Schmuck/zefa (h), Marco Cristofori, 85 Fine Art Photographic Library, 86 Bob Krist, 87 Historical Picture Archive, 88 Reuters, 89 Scot Frei (b), Jonathan Blair (h), 90 Bettmann, 91 Michael St. Maur Sheil, 92 Bettmann (g), Red James/zefa (d), 93 Guntmar Fritz/zefa.

Stadtarchiv Löwenstein : 58 (b)

Stempell, Kyra : 64 (d), 76 (b)

INDEX

Abu Wardeh, Mohammed 47

Achéron 21

Ægir 33

Afrique 25

Âge de pierre 6

Alighieri, Dante 41

Allah 45, 47

Ambroisie 22

Âme 6, 24, 31, 40, 43, 45, 52, 74 et suiv.

Âme de vie 25

Ammout 17

Ancêtres 48

Ange 38, 44 et suiv., 75

Anubis 16

Apocalypse 37

Apparition de fantômes 90

Archange Michel 44

Ases 30

Asgard 30

Attentat suicide 47

Aura 8

Autre monde 27 et suiv.

Aztèques 24

Ba 13, 15

Balance 47

Baptême par le sang 22

Benoît XII 40

Bhagavad-Gîtâ 49 et suiv.

Blavatski, Helena Petrovna 73

Bouddha 50 et suiv.

Bouddhisme 9, 48 et suiv.

Brahma 49

Bran 28 et suiv.

Browne, Sylvia 69

Cannabis 82

Celtes 26 et suiv.

Cerbère 21

Cerveau 81

Chamans 25

Chambre funéraire 13

Champs Élysées 22

Champs morphiques (morphogénétiques) 90

Channeling 64 et suiv. , 73

Charon 18, 20 et suiv.

Chaudron de Gundestrup 29

Chrétiens 84

Christ 72

Christianisme 22, 36 et suiv., 45

Ciel 7, 13 et suiv., 38 et suiv., 44, 61, 66, 74

Cieux 12, 22, 37 et suiv., 56 et suiv.

Classeur d'informations 87

Coran 45 et suiv.

Cordon d'argent 73

Corps astral 8 et suiv., 72, 85

Corps mental 8 et suiv.

Corps physique 77, 80, 85

Corps subtil 6, 8 et suiv., 53

Cosmologie 92

Cosmos 66

Crémation 32

Croyance en l'au-delà 6

Crucifixion 37

Culte à mystères 14 et suiv.

Culte de Cybèle 22

Culte des ancêtres 25

Culture mégalithique 27

Cybèle 21

Dagda 29

Dalaï-lama 51 et suiv.

Déesse mère 85

Déméter 19 et suiv.

Démons 14 et suiv., 44, 57, 66

Diable 44, 63, 66

Dimensions 68

Divine Comédie, La 41

Draugar 32

Druides 26 et suiv.

Dunnam 91

Edda 33

Église 39, 42, 86

Égyptiens 6, 12 et suiv.

Einherjer 30

Elfes 29

Élie 36

Empereur Constantin 43

Enfer 38 et suiv., 49, 74

Enfers 18 et suiv., 22 et suiv., 33

Ésotérisme 9, 83, 85

Esprits 69

Esprits frappeurs 90 et suiv.

État transitoire 52

Être de lumière 77, 85 et suiv.

Éwé 25

Expérience de mort imminente 7, 9, 76 et suiv., 92

Extase 20 et suiv., 25

Extraterrestre 68

Fantôme 69, 88 et suiv., 91

Fantôme de Belmez 89

Faucheuse 40 et suiv.

Fin des temps 42

Flavius Josèphe 37

Frigg 30

Fruosino, Bartolomeo di 41

Gabriel 45

Galérien 68

Garm 33

Géhenne (Gehinnom) 39

Gomez Pereira, Maria 88 et suiv.

Grecs et Romains 18 et suiv.

Gui 27

Hadès 18 et suiv., 23, 39

Halloween 28 et suiv.

Halo lumineux 8

Hauffe, Frédérica 58 et suiv.

Heim, Burkhard 92

Hel 30, 33

Hérodote 12

Hînayâna 50

Hindouisme 48 et suiv.

Hindouistes 84

Homère 21 et suiv.

Horus 14, 19

Houris 46 et suiv.

Huns 23

Iliade 23

Illusion 29, 52

Immortalité de l'âme 27

Incarnation 25

Incas 24

Incendie de Stockholm 57

Indiens 6, 24

Indra 48 et suiv.

Initiation 19 et suiv.

Intermédiaire 32, 44

Iqbal, Mohammad 47

Isis 13 et suiv., 19

Islam 45 et suiv.

Iveagh House 91

Jean 38

Jérusalem 37

Jésus 37 et suiv., 85

Jour du Jugement 45, 47

Judaïsme et christianisme 36 et suiv.

Jugement Dernier 38, 40 et suiv., 45

Ka 13

Kant, Immanuel 56

Karma 53, 69

Karma-Samsara 49

Kerner, Justinus 58 et suiv.

Khayyam, Omar 7, 66

Kilner, Walter 8
Kirlian, Semjon Davidowitsch 8
Kübler-Ross, Elisabeth 83
Küng, Hans 86

Lama 53
Lieu de sépulture 31
Livre de l'Amdouat 14
Livre des morts 45, 47
Livre des morts tibétain 51
 et suiv.
Livre des Rois 36
Loka 53
Loki 32
Lorber, John 80 et suiv.
Loups-garous 32
Lucifer 63
Luther, Martin 40

Maât 16
Machu Picchu 24
Magie 32
Mahâyâna 50 et suiv.
Mahomet 45 et suiv.
Marie-Madeleine 38
Marx, Karl 39
Masters, Mary 91
Matière 72
Matthieu 39
Maya 24
Mecque 45
Méditation 50 et suiv.
Médium 8, 58 et suiv., 61, 64
 et suiv., 67, 73, 88
Ménélas 22
Mesmer, Franz Anton 8
Messie 36 et suiv.
Métamorphose 32
Michel-Ange 18
Mictlan 24
Mithras 18 et suiv.
Mobiliers funéraires 25
Modgud 33
Molécule du bonheur 78, 82
Momie 12 et suiv.
Momification 12 et suiv.
Monsieur Post 61

Moody, Raymond 76 et suiv., 83
Mormons 84
Mort 72
Mystatai 18
Mystères 14 et suiv.
Mystères d'Éleusis 18
Mystères de Cybèle 22
Mystères de Mithras 18

NDE 76 et suiv.
Neandertal 6
Nectar 22
Neurobiologie 82
Nidhögg 33
Nirvana 51
Nout 14 et suiv.

Occultisme 56, 72
Odin 30 et suiv.
Odyssée 21 et suiv.
Origène d'Alexandrie 43
Osiris 13 et suiv.

Palais de Gladsheim 30
Paracelse, Théophraste 8
Paradis 22, 25, 27, 29 et suiv.,
 37, 39 et suiv., 46, 75
Parapsychologie 65, 88 et suiv.
Parousie 38 et suiv., 42
Paul 38
Pays de l'été 74 et suiv
Perséphone, voir Proserpine
Peuples germaniques 30 et suiv.
Peuples primitifs 24 et suiv.
Photographie Kirlian 8
Physique quantique 92
Planche de oui-ja 64
Pline l'Ancien 26
Pluton, voir Hadès
Poltergeist 90
Pont du Sirat 47
Preta 48
Prophétie 63
Proserpine 18 et suiv.
Psychomanteum 83
Purgatoire 40 et suiv., 57,
 61 et suiv., 74

Purification 40 et suiv., 61, 74
Pyramides 12
Ran 33
Réincarnation = Renaissance
Religion védique
Renaissance 28, 43, 49, 51 et
 suiv., 57, 65 et suiv., 69, 75
Résonance 90 et suiv.
Résurrection 22
Retour en arrière 68, 87
Rétrospective 77, 87
Revenant 32
Rig-Véda 48 et suiv.
Rites funéraires 30, 32
Roberts, Jane 64 et suiv., 92
Romains 23, 26
Roue de la renaissance 48
Roue de la vie 49
Royaume des morts 6, 13, 15,
 28, 48
Royaume des ombres 19, 22

Saints 42
Samain 28
Samsara 48
Satan 44, 63
Schéol 36 et suiv., 39
Schröter-Kunhardt, Michael 80
Séance 61
Séance de spiritisme 90
Senet 17
Senkowski, Ernst 92
Sennedjem 17
Seth 13, 19, 64 et suiv., 92
Shelbourne Hotel 91
Shiva 49
Sisyphe 22 et suiv.
Sorcières 29
Soumission 45
Sphères 74
Spiritisme 58, 61, 65, 88 et suiv.
Stonehenge 27
Styx 20 et suiv.
Sukhavati 51
Summerland 74
Swedenborg, Emanuel 7, 56
 et suiv., 88

Symboles 6
Système de chiffres 60

Tantale 23
Tantrayana 51
Tartare 22 et suiv.
Tartares 23
Télékinésie 88, 90 et suiv.
Télépathie 88, 90
Théologie 42, 86
Théosophie 65, 72 et suiv.
Thot 16 et suiv.
Titans 23
Tlatocan 24
Tombeau 31
Transe 25, 59, 61, 64, 67
Tribunal des morts 14, 16

Univers quantique 68
Uréus 16

Van Praagh, James 67 et suiv.
Vandal, Andrew 81
Vatican 86
Vaudou 73
Vie après la mort 6 et suiv., 17,
 29, 78, 86, 91 et suiv.
Virgile 41
Vishnou 49 et suiv., 87
Vision 58
Visionnaire 6, 56
Voile de Maya 52
Von der Leyen, Eugénie 7, 61 et
 suiv., 74
Von Ludwiger, Illobrand 92
Voyage dans la nuit 14
Voyage vers l'au-delà 15

Walhalla 30 et suiv., 33
Walkyries 30 et suiv.
Wieser, Sebastian 61
Wotan, voir Odin

Yahvé 36
Yama 48

Zeus 22 et suiv.